오션라이크미

오션 라이크 미

초판 1쇄 인쇄일 2022년 11월 23일
초판 1쇄 발행일 2022년 11월 30일

지은이 월피동

발행인 윤호권
사업총괄 정유한

편집 신주식 **디자인** 디박스 **마케팅** 윤아림
발행처 (주)시공사 **주소** 서울시 성동구 상원1길 22, 6-8층(우편번호 04779)
대표전화 02 - 3486 - 6877 **팩스(주문)** 02 - 585 - 1755
홈페이지 www.sigongsa.com / www.sigongjunior.com

글 ⓒ (주)이모션스튜디오, 2022

ISBN 979 - 11 - 6925 - 311 - 6 03680

*시공사는 시공간을 넘는 무한한 콘텐츠 세상을 만듭니다.
*시공사는 더 나은 내일을 함께 만들 여러분의 소중한 의견을 기다립니다.
*잘못 만들어진 책은 구입하신 곳에서 바꾸어 드립니다.

OCEAN ——— LIKES ——— ME

월피동 각본집

시공사

| 일러두기 |

1. 이 책은 최종 현장 대본 내용을 최대한 따랐습니다.

2. 지문은 한글맞춤법을 따르되 등장인물 간의 대사는 각 인물의 어감과 드라마의 분위기를
   최대한 전달하고자 어법에 크게 저촉되지 않는 한 대본 형식을 그대로 따랐습니다.

3. 등장인물의 성격이나 해당 장면의 긴장감과 분위기를 최대한 살리고자 지문과 대사 내에
   서 쓰인 문장부호의 중복 및 변형 사용을 그대로 따랐습니다.

차
례

—

5

이따금 그러한 생각을 하곤 합니다. '먼 훗날에 나이가 들고 노인이 되었을 때, 젊었을 적 이런저런 작품들을 연출했던 때를 회고한다면 어떠한 기억이 가장 먼저 떠오르게 될까' 하는 생각을요. 아마도 가장 고달프고 즐거웠던 기억이지 않을까요. 그리고 〈오션 라이크 미〉를 연출하면서 아마도 이 작품이 그 주인공이 되지 않을까 하는 가늠을 해봤습니다.

〈오션 라이크 미〉를 촬영하던 2021년 겨울은 강원도 날씨가 유독 혹독하던 때였습니다. 한겨울 동해의 무서운 변덕을 직접 목격한 것은 그때가 처음이었지요. 촬영을 준비할 때만 하더라도 파란 바닷물이 넘실거리는 한적한 동해 풍경에 깊은 인상을 받았고, 제작진은 양양 해변 앞에 자리한 아담한 카페와 서핑 숍을 소박한 우동 가게로 색칠해나가며 설렘 반, 걱정 반으로 12월 어느 매서운 날에 촬영을 시작했습니다.

촬영 기간이 되자, 숙소에서 눈을 뜨면 오늘의 바다가 과연 촬영을 허락해줄지 살피러 가는 것이 매일의 시작이 되었습니다. 크리스마스이브에는 강원도 전역에 순식간에 내린 기록적인 폭설로 촬영 중 급히 철수하기도 하고, 빨간 해가 올라온 새해 첫날에 잠시나마 일출을 감상하는 낭만 대신 온몸에 땀을 뻘뻘 흘리며 다 같이 우동 가게 앞의 산더미 같은 눈을 퍼내는 경험을 하기도 했습니다.

하지만 이런 고생스러운 일정 속에서도, 아이러니하게도 폭설이 선사한 설경 덕분에 아름다운 장면들이 탄생하겠다며, 내내 긍정적인 에너지를 가득 내뿜어준 제작진과 출연진에게 진심으로 고마웠습니다. 〈오션 라이크 미〉 각본을 처음 보았을 때, 주연인 '한바다'와 '토미' 외에도 '양양의 파란 바다' 또한 연기를 하는 하나의 인물과 같다고 생각했어요. 요즘엔 촬영을 끝내고 후반 작업에서 바닷물과 하늘의 색감 또한 원하는 대로 충분히 만들어낼 수 있기 때문에, 사실 어느 바다에서 촬영한들 무관한 일이었을지도 모릅니다.

그럼에도 군이 각본에 묘사된 양양 바다에서의 촬영을 고집하고, 그 바닷가 앞에 자리한 작은 가게를 배경으로 채택한 것은 이 작품을 감상하게 될 관객들에게 무언의 진정성을 전하고 싶었기 때문입니다. 차갑고 매섭게 몰아치는 바람과 끝없이 넘실거리는 파도는 여러모로 애환의 중심이었지만, '푸르다'기보다는 '정말 파랗다'고 표현하는 것이 더 어울리는 양양 바다는 기대를 저버리지 않고 훌륭하게 자기 몫을 다해주었습니다.

간혹 로맨스를 연출할 때 이런 질문을 받을 때가 있습니다.

"이 둘은 왜 사랑하게 되는 건가요?"

사람이 사람을 사랑할 때 이유가 필요한 사람과 그렇지 않은 사람, '사랑한다는 감정'에 대해 그 실체를 믿는 사람과 그렇지 않은 사람이 공존하고 타인을 사랑하는 방식이 저마다 다른 이들이 한데 얽혀 살아가는 세상에서, 이런 질문을 받을 때는 깊은 고민에 빠지곤 합니다. 그러곤 결국 제 나름의 결론으로 담담하게 대답합니다.

"글쎄요. 사랑에 이유가 있을까요."

우리가 살아가는 실제 세상에선 동성애에 대한 견해가 개인마다 다르지만, 〈오션 라이크 미〉의 세상에선 한바다와 토미의 사랑을 자연스러운 과정으로 바라봅니다. 이 작품의 장르는 'BL(boy's love)'로 분류되지만, 작품을 연출하면서 진정 고민한 지점은 '사람이 사람을 사랑하는 과정 그 자체'에 대한 것이었습니다. 그것은 한 명의 연출자이기 이전에 한 사람으로서 '사랑'을 대하는 저의 원초적 견해에 대한 부분이었지요.

　　서로 다른 우주를 거닐며 살아온 두 사람 사이에 예기치 않은 교통사고처럼 마주친 첫 만남이 있고, 그 마주침의 강렬한 기억 때문일지 혹은 너와 내 마음이 움직일 타이밍이 하필 일치했던 것일지, 둘의 사랑이 태어나는 메커니즘은 결국 알 수 없을 것입니다. 극 중 낯선 곳으로 도피를 택한 한바다와, 태어난 곳으로 회귀한 토미는 우연히 마주친 서로를 선택하기로 했습니다. 그리고 그 선택 후에 찾아오는 행복과 혼돈에 적응해나가는 속도와 방식이 서로 달라 갈등이 생기기도 합니다. 이 작품에선 해피엔딩으로 끝맺지만, 그 후 두 사람이 얼마나 오랫동안 사랑을 이어나갈지는 관객의 바람과 상상에 달려 있겠지요.

　　하지만 먼 훗날, 이 작품 속의 두 인물이 나이가 들고 더욱 성숙한 어른이 되어 지난날을 돌이켰을 때, 서로를 사랑하기로 선택했음에 감사하고 행복한 감정이 먼저 떠올랐으면 하는 바람을 담고자 했습니다. 서두에서 말한 것처럼, 어느 날 노인이 된 제가 지난날의 작품들을 회상할 때 〈오션 라이크 미〉가 선물해준 성장의 기쁨과 소중한 동료들을 떠올리고 싶은 바람처럼 말이에요.

사실 이 각본집에서 독자들이 마주하게 될 각본은 촬영 중 내린 폭설로 촬영이 중단된 사흘 동안, 절반 정도 남은 촬영분 중에 야외 촬영 분량을 모두 실내 장면으로 전환하면서 다시 탈고된 내용입니다. 계획대로 촬영을 마칠 수 없어 아쉬웠던 마음이 무색하게 이 작품이 웹드라마와 영화로 소개되고, 2022년 부천국제판타스틱영화제에서 관객에게 직접 선보일 수 있었음에 커다란 보람과 감사를 느낍니다.

'오션 라이크 미'는 각본에 완성된 이후 쓰인 타이틀입니다. 많은 분께서 이 타이틀에 담긴 '나와 같은 바다'와 '날 좋아하는 바다'의 중의적 의미를 알아봐주서서 다행이라고 여겼습니다. 반짝반짝 빛나는 파란 물결 속에 심연의 비밀을 담고 있는 동해는 실패의 기억을 저 뒤로 넘기고 밝은 자아를 장착한 채 살아가는 '토미'와 닮았습니다. 또 계절과 날씨의 변화 속에서도 묵직하게 제자리를 지키며 순리대로 존재하는 바다의 뚝심이 속내가 깊고 묵묵한 '한바다'와 닮았다고 생각

했습니다. 그런 '한바다'가 '토미'와 좋아하고 사랑하게 되는 이 이야기를 관조하듯 약간의 거리를 두고 다시 읽었을 때, '오션 라이크 미'라는 제목을 떠올리게 되었습니다.

　　이 각본집을 읽는 모든 분이 텍스트 안에서도 아름다운 겨울 바다 특유의 감성과, 가장 추운 날 후루룩 삼키는 우동 한 그릇으로 배 속까지 타고 흐르는 뜨끈함을 느끼실 수 있기를 바랍니다. 붉게 타오르는 해 뜰 녘으로 시작해서 내내 바람과 파도가 오가다가, 노을 한 점 없이 갑자기 뚝 떨어진 해 다음으로 둥실 떠오른 달이 노랗게 빛나는 동해. 우리나라에서 가장 추운 곳이면서도 가장 다채로운 묘미가 있는 강원도 바닷가에서, 두 사람이 서로의 삶을 조금씩 의미 있게 만들어나가는 과정을 편안하게 감상하실 수 있었으면 합니다.

　　끝으로, 급작스러운 상황들로 갑자기 변경된 대사와 디렉션에도 늘 최선을 다해 훌륭하게 소화해준 출연진, 카메라 뒤에서 묵묵하게 모든 과정을 함께 이끌며 지탱해준 제작진과 제작사 분들께 이 페이지를 빌려 진심으로 고마움을 전합니다.

2022년 11월　이수지

한바다

우동에 진심인 남자

자동차 트렁크에 조리도구를 가득 싣고 한적한 양양 바닷가를 찾아온 바다. 얼결에 소영이 제시한 사악한(?) 계약 조건으로 허름한 가게를 빌려 우동 장사를 시작한다. 혼자 힘으로 우동 만들랴, 손님 응대하랴, 가게 홍보하랴 할 일이 태산인데, 설상가상 교통사고까지 내고 말았다. 손님 하나 없이 휑한 가게 안 풍경을 보며 실의에 빠질 찰나, 구세주 같은 사람이 등장한다. 그런데 어딘가 낯이 익은 그 사람 덕분에 바다의 인생은 또 한 번 파도를 만난다.

토미

4차원의 팩소주 러버

바다와 악연(?)으로 만났으나 어느새 그의 '대체 불가' 동업자가 되었다. 요리 빼면 만사 숙맥인 바다를 대신해 소영과의 월세 계약을 바로잡는 건 물론, 우동 가게 서빙과 홍보까지 혼자서 척척 해낸다. 찢겨간 자국이 선명한 오션지 노트처럼 의문투성이인 토미. 요리에 대한 바다의 철학과 태도를 지지해주던 그는 어느 날 홀연히 사라진다.

소영

'측은지심'이 넘치는 악덕 임대인

요리 실력 빼면 어수룩한 바다에게 가게채를 소개하고 수익의 7할을 가져가는 전무후무한 임대계약을 체결한다. 상가번영회 회장 고복래 씨의 딸이자 대리인으로 바다에게 텃세를 부리지만, 그가 곤경에 처했을 때 물심양면 도와주는 미워할 수 없는 악당이다. 우동에 대한 바다의 진심을 지지하는 사람 중 한 명이기도 하다.

민상

한바다의 과거를 공유한 사업가

바다가 셰프로서 성장하는 데 일조한 사람으로 과거의 연인이기도 하다. 헤어진 후에도 여전히 바다에 대한 마음을 지우지 못했다. 허름한 가게에서 우동을 만들어 파는 바다의 모습을 못마땅해하면서 자신의 호텔 수셰프로 재기하라고 종용한다.

cut to	신(scene, 장면) 내에서 시간의 경과나 과정의 생략을 나타내는데, 장면 사이의 시간 경과를 나타내거나 하나의 장면에서 다음 장면으로 넘어가는 것을 뜻하기도 한다.
F	필터filter의 약자로, 전화기 너머에서 들려오는 목소리 등을 표현할 때 사용한다.
fade out	페이드아웃. 화면이 점차 어두워지는 상태를 의미한다. 반대로 화면이 점차 밝아지는 상태는 페이드인fade in이라고 한다.
ins	인서트insert. 특정한 동작이나 상황을 강조하기 위해 장면 사이에 삽입한 화면, 또는 삽입하는 것을 말한다.
NA	내레이션narration을 뜻하며 'N'으로 표시하기도 한다. 장면의 내용이나 줄거리, 등장인물의 독백 등을 장면 밖에서 설명하는 것을 말한다.
off	마이크를 입에서 멀리 떼어놓고 말하는 것으로, 먼 공간에서 들려오는 목소리를 연기할 때 표시한다.

S#	신(장면)을 의미하며, 같은 장소와 시간 내에서 이루어지는 행동이나 대사가 하나의 신을 구성한다. 신 제목 옆에 함께 표기된 (M), (D), (N)은 해당 신의 시간적 배경을 나타내는 것으로, 각각 아침(morning), 낮(day), 밤(night)을 의미한다.
zoom in	줌인. 카메라의 위치를 고정하고 줌렌즈의 초점거리를 변화시켜 촬영물에 접근하는 것처럼 보이도록 하는 촬영을 말한다.
flashback	플래시백. 장면의 순간적인 변화를 연속으로 보여주는 기법을 말한다. 긴장을 고조시키거나 격렬한 감정을 드러내는 데 효과적이며, 때로 과거 회상 장면을 나타내는 데도 활용된다.
V.O	보이스오버voice over. 화면에 나타나지 않는 인물의 목소리나 소리를 일컫는다.
alter	얼터(컷). 대체 컷을 말하며, 촬영 현장에서 소품이나 대사, 감정 표현 등을 얼터컷으로 처리하기도 한다.

"이거 이거! 인공호흡!"

　"저 못해요! 그쪽이 해요!"

"아후! 난 아직 키스도 못 해봤단 말이야!"

　"저는 해봤는데요!"

"아, 그럼 비슷하잖아! 해본 사람이 좀 해! 얼른!"

오션 라이크 미

S#1.   바닷가 (D)

부서지는 파도가 보이는 해안가. 잠시 풍경을 감상 중인 바다의 모습.
라디오에서 흘러나오는 가요와 목소리.

라디오   요즘 공기가 너무 사나워서 외출하기 조심스러우시죠.
그래도 '겨울' 하면 생각나는 포근한 노래들, 또 뜨끈한 음
식들.
그런 추억들 하나쯤은 떠올리는 게 있잖아요.

(이어지고)

바다   (피식, 웃음) 있지.

라디오   우리 강원도에 계신 청취자님이 신청해주신 곡 지금 듣
        고 계신데요, '작년 겨울에 바다 놀러 가면서 처음 들었던
        노래예요' 하고 신청해주셨네요.
        토미의 〈오션 라이크 미〉 마저 듣고 가겠습니다.

        라디오에서 흘러나오는 음악 소리에 기분이 좋아진 바다.

S#2. 우동 가게 홀 (D/N)

        익숙한 우동 가게 내부 풍경.
        바다가 누군가와 통화 중이다.

바다   네. 저 도착했어요!

여자(소영)(F) 그래? 근데 나는 왜 안 보이지이?

바다   저 가게 들어와 있거든요!

여자(소영)(F) 벌써어? 난 또~ 그새 어딘지 까먹은 거 아닌가 했네.

바다   그럴 리가요. (웃음)

        바다, 벌어진 커튼 틈새로 멀리 다가오는 이가 보이는 듯.

바다   (밖을 향해) 여기!!
        (상대 발견한 듯 반가워서) 여기요!!

S#3. 해안 도로 (D/N)

빵빵-
해안 도로를 터덜터덜 걷는 남자(토미) 뒤로 시끄럽게 경적을 울리며 피해 가는 자동차.
토미, 괜히 심통이 나서 빵빵- 소리를 삐죽한 표정으로 따라 한다.
이내 외투 추스르며,

토미   으으… 이놈의 바다. 흐, 진짜 춥다… 흐흡.
          가면, 흡, 우동 같은 거, 흐흡. 되려나? 흡.

토미, 추위에 맞서려는 듯 손에 든 꾸러미를 꽉 쥐고 저벅저벅 걸어가는
데 손에 들린 악보 꾸러미 보이고, 대충 삐죽 튀어나온 악보 타이틀 자리
에 쓰여 있는 제목 'Ocean Like Me'.

토미   (가던 걸음 멈추고) 으, 으, 으, 에취!

재채기 타이밍에 타이틀 등장. '오션 라이크 미'

S#4. 바닷가 (D)

멀리 펼쳐진 바다를 향해 크게 기지개 켜는 바다.

바다   하… 멀리도 왔네.

먼바다 가만히 바라보는 바다.

바다	(1단계, 소심하게 소리 질러본다.) 왔다…! (2단계, 눈치 보고 더 크게) 나 왔다! (3단계, 냅다 더 크게) 나 '한바다'가 바다에…!

그러나 혼자 소리치다 그만 자괴감이 드는 바다.

바다	(어색함 날리는 척) … 준비하자, 준비!

S#5. 바닷가 (D)

철컥, 열리는 자동차 트렁크와 이것저것 드러나는 조리도구들.
조리도구들 달그락거리는 바다의 뒤로 스윽 모습을 드러내는 소영.

소영	저기.
바다	(움찔)
소영	설마 음식 장사하게요? 여기서?
바다	네… 그걸 어떻게…?
소영	나처럼 22년을 바닷가에서 살면, (트렁크 내용물 흘깃 보고) 눈치가 엄청 빠르지. (명함 하나를 내민다.)

양양 바다 상가번영회 회장 '고복래'.

바다	고복래 씨….

소영	으으음~ 고 복자, 래자, 그분은 우리 아빠구.
바다	??
소영	나는 회장님 대신에 여기 상가들 다~ 관리하는 대리인이에요, 대리인 고소영.
바다	(예의) 아아. 네. 안녕하세요.
소영	그래요. 안녕해요. (대충 웃음) (텃세 부리며) 근데 우리랑 얘기도 안 하고 여기서 마음대로 자리 깔고 그러면 되게 곤란한데?
바다	아… 여기서 장사하면 안 돼요?
소영	어머, 당연히 안 되지! 아니, 상식적으로 여기서 음식 장사하면 쓰레기가 나와요, 안 나와요?
바다	나오죠?
소영	물 끌어다 쓰고 전기 끌어다 쓰고, 해요, 안 해요?
바다	해요… 죠…?
소영	(감정 이입) 그래! 그럼 이 청정한 바닷가가 그쪽 때문에 더럽혀져, 안 더럽혀져!
바다	어, 근데 더러운 거까지는….
소영	(무시) 그리고 이 날씨에 누가 밖에서 음식을 사 먹어요. 얼어 죽게.

| 바다 | 아아… 제가 처음 와서 잘 몰라가지고. |

일단 피하자 싶어 트렁크 문을 닫으려는 바다. 그런데,

소영	(바다 행동 막으며) 아이참, 잠깐만!
바다	???
소영	메뉴가 뭔데요, 말해봐요.
바다	우동….
소영	우동!

S#6. 우동 가게 홀 (D)

어느 가게 안으로 바다를 안내한 소영.

소영	(자부심) 여기가 우리 가문에서 대대로 관리하는 건물인데, 여기서 장사하는 건 내가 봐드릴게요.
바다	아, 저 근데 제가 지금 돈이….
소영	아휴, 알지, 알지.
	(위아래로 훑으며) 딱 봐도 돈 없어 보이잖아.
	뭐 지금은 놀고 있는 데니까 그냥 쓰세요.
바다	(미심쩍어) 아… 네, 근데 이렇게 공짜로 써도 되는지….
소영	어머, 내가 공짜라고 한 적은 없는데?

바다	??
소영	잘 들어봐요오? 지금부터 우동 팔아서 나오는 수익이 있을 거잖아.
바다	예에. *(끄덕끄덕)*
소영	*(같이 끄덕끄덕)* 그거를 내가 8 대 2로 나눠서 가져가겠습니다~. 물론 내가 8?
바다	헤에! 파, 팔이요?
소영	*(얼른)* 아흐~ 알았어, 알았어요. 그러면… 7 대 3?
바다	*(머뭇)*
소영	아, 아니면 다른 데 가보든지. 이런 조건에 가게를 어디서 구해. *(각각 가리키며)* 7, 3. 오케이?
바다	*(얼떨결에)* 네… 일단 오케이.
소영	음~ 됐네! 그럼 우동 파이팅~.

소영이 씨익 웃으며 가게를 빠져나간다.
방금의 일이 황당한 바다의 얼굴.
하지만 이내 가게 내부를 바라보며 씨익 웃는 바다.

바다	*(혼잣말)* 그래. 오케이.

S#7. 우동 가게 홀 (D/N)

- 가게 안을 물걸레로 박박 닦기 시작하는 바다.
- 덮은 천들을 걷어내고
- 가구들의 위치를 맞춰본다.
- 조리도구들을 가게로 들여오고
- 칠판에 '우동 5000원'이라는 글씨를 쓰는 바다.

S#8. 우동 가게 부엌 (N)

능숙한 솜씨로 칼질을 하며 재료를 썰어내는 바다의 모습.
달리 진지한 표정으로 요리를 하는 바다의 얼굴.

- 미리 준비해 온 반죽을 면 너비로 썰고
- 다 삶아진 면을 채반에 받쳐 씻어내고
- 통통통 파를 가늘게 썰고
- 면과 고명이 담긴 그릇에 육수를 가만히 붓는다.

정갈한 우동 한 그릇이 뚝딱 완성된다.
완성된 우동을 바라보며 흐뭇하게 웃는 바다.
일단 국물부터 먹어본다.

바다   음~ 연습이니까, 4.5점.

S#9. 우동 가게 홀 (D)

일단 가게는 열었는데, 손님이 없다. 난감한 표정의 바다.
그저 창밖 풍경만 바라보고 있는 바다.

바다   5000원이면 싼 거 아닌가? 아닌가? 비싼가?

소영   (가게 안으로 들어오며) 잉? 사람이 하나도 없네?

바다   (풀 죽어 인사) 안녕하세요….

소영   가게는 곧잘 꾸리셨는데?

바다   ……….

소영   (쭈뼛쭈뼛) 안 되겠네.
        그쪽이 가져온 차, 그거 시동 좀 걸어, 걸어봐요.

바다   제 차요?

소영   (시선 피함) 읍내에 좀 가봐야 돼가지구.

바다   근데 왜 저를….

소영   아, 좀 돕고 살자고요! 시골 동네는 원래 다 그래요!

바다   아… 네….

힘없이 차 키를 챙겨 일어나는 바다.

S#10. 바닷가 (D)

바다가 구시렁거리며 차를 후진한다.

바다   아… 이러려고 온 게 아닌데….

부랴부랴 차를 후진시키는 바다. 그런데 이때… '쿵!'
후진하다가 쿵 소리를 내며 뭔가를 들이받는다. 이에 놀라는 바다.
어느새 옆으로 다가온 소영도 놀란다.
쿵 소리가 난 자동차 뒤쪽으로 온 두 사람.
차에 치여 기절해 있는 토미를 발견한다.

소영   허! 주… 죽은 거 아니야?!!!

소영의 말에 놀라는 바다.

바다   어… 어떻게 해요?!

소영   (CPR 자세 흉내 내며) 이거 이거! 인공호흡!

쓰러진 토미를 보고 순간 고민하는 바다.

바다   저 못해요! 그쪽이 해요!

소영   야야, 나는 안 돼!!!

바다   저도 안 되는데요!

소영   아후! 난 아직 키스도 못 해봤단 말이야!

바다   (정신없음) 저는 해봤는데요!

소영   아, 그럼 비슷하잖아! 해본 사람이 좀 해! 얼른!

소영의 채근에 우물쭈물하던 바다가 크게 숨을 들이려고
토미에게 인공호흡을 시도하는데….

바다의 입술이 한 번, 두 번 닿을 때마다 토미에게 불어넣어지는 숨결.
그 순간, 정신이 희미하게 돌아온 토미가 마치 키스처럼 바다의 입술을
받아주는데….
갑작스러운 토미의 행동에 당황한 바다가 토미를 밀쳐내고!

소영   어어, 살았나 봐! 살았나 봐!

바다   (토미 흔들며) 이봐요, 정신이 들어요?!

토미   (오락가락하는 듯)

소영   병원! 빨리 병원으로 옮겨!

바다와 소영이 토미를 겨우 부축해 자동차에 싣고….

바다   가게 좀 부탁해요!

바다가 급히 운전해 바닷가를 빠져나가고,
얼떨결에 부탁받은 소영은 난감하다.

소영   요리 못하는데….

S#11. 로비 (D)

정신이 절반은 없는 토미를 겨우 부축해서 데려가는 바다.

바다   저기요! 정신 있는 거죠!

토미   나 물….

바다   물이요?!

당장 보이는 의자에 토미를 급하게 기대어놓은 바다.
바다는 잽싸게 어디론가 뛰어들어가 물 한 병을 들고 나오는데…
토미가 없다.

바다   (여기저기 두리번거리며) 어?! 어???!!! 어디 간 거야?

하지만… 아무도 없다.

바다   하….

S#12. 바닷가 (D)

사고가 난 자리로 다시 돌아온 바다. 급히 차를 세우고 이리저리 토미를
찾아보지만… 없다. 그런데 토미가 흘리고 간 노트를 발견한다.

바다   이거 아까 그 사람 건가?

이를 집어 들어 살피는 바다.

대충 페이지를 넘겨보는데 잔뜩 찢겨나간 자국이 즐비한 오선지 노트다.

바다   하… 사고가 난 건 맞는데….

아까의 키스 비슷한 순간이 떠오른 바다.

바다   (애써 부정) 어어, 아니야. 멀쩡하니까 움직였겠지.

하지만 걱정이 가시지 않는 바다의 표정.

S#13. 우동 가게 홀 (N)

바다가 가게로 터덜터덜 돌아오고, 우동 가게 홀 테이블에서 괜히 어설픈 포즈로 대파 줄기 숭숭 썰고 있던 소영.

소영   어서오세…!

바다가 말없이 소영이 썰던 도마를 들고 스윽 부엌으로 들어가더니 솨아 물을 틀고 손부터 씻는다.

소영   쓰러진 남정네는, 괜찮대?

바다   (칼질 통통통 시작) 네. 아마도.

소영   … 내가 파 좀 썰어본 건데, 별론가?

바다   네. 아마도.

소영   오늘은 딱 느낌이 손님이 안 올 거 같네.

바다   (칼질을 멈추고) … 네. 아마도.

찹. 바다와 소영이 가게를 휘 둘러보는데 아무도 없는 횡한 풍경.

소영   첫날부터 큰일 치르면 장사 잘된다던데~ 뭐가 문제람.
         (쭈뼛쭈뼛 다가와) 내가 문제를 파악해볼 테니까 그, 우
         동 한 그릇 좀 줘봐요.

바다   (화색 돌며) 정말요? 감사합니다! 금방 드릴게요!

cut to.
첫 개시에 감격하며 소영에게 우동과 음료수 건네는 바다.

바다   (눈치 없이) 선불 5000원인데요, 가실 때 2000원만 주셔
         도 되구요.
         이거는 개시 손님 선물로 음료수….

그냥 주는 줄 알았던 소영. 우동을 받지 않는다.

소영   (불편한 기색으로 말을 빙빙 돌리며) 저기, 우동 만드는
         선생님?

바다   선생님이요…?

소영   우리 선생님은 유두리가 별로 없으시구나, 유두리가….
         제가요, 여기 바닷가에서만 22년을 살아왔거든요?

바다   그런데요?

소영	내가 좀 이렇게 맛을 보고, 그 맛이 좋으면은 기분이 되게 좋아져서? 여기저기 이렇게 가서, 이 집 우동이 되게 맛있다~ 하고 얘기를 하고 다닐 수도 있는 거고.
바다	어···. (끄덕끄덕)
소영	내가 또 우동을 굳이 그렇게 먹고 싶어서 먹는 것도 아니고, 이게 다 문제 파악을 위해서 한번 먹어보겠다~ 하는 거잖아요?
바다	(눈치 못 채서 난감) 네···.
소영	(버럭) 아휴, 아까 그 남정네 쓰러지는 바람에 가게도 내가 봐주고 그랬잖어!
토미(off)	(박수 짝짝짝) 이야, 열성이시네.
바다/소영	(돌아본다.)
토미	(소영 향해) 그냥 한 그릇 공짜로 달라, 시원하게 얘기하시고. (바다 향해) 눈치 좀 빨리 채주면, 되게 아름다운 그림일 것 같은데.

가게 문 앞에 와 있는 토미를 보고 깜짝 놀란 바다와 소영.

바다	당신!
토미	('나?' 하는 표정으로 자기 자신 가리키고)
소영	어머, 저 친구 멀쩡하네~.

바다 아까는, 어떻게 된 거예요?

토미 (빙긋 웃으며) 왜요?

바다 ??

토미, 바다를 향해 씨익 웃으며,

토미 **나 기다렸어요?**

놀란 바다와 여유로운 토미 표정 교차되는 데서

1화 End.

"어디가 어떻게 아픈 거예요?"

　"그걸 이제 물어보나~ 우동 그릇 비어가는 동안 뭐 하시구."

"정말 죄송합니다. 지금이라도 병원에 가시면….'

　"뭐, 병원 갈 정도까진 아닌 거 같고! 내일 다시 올 테니까,
　여기서 최고로 매운 거, 그거 만들어줘요!"

오션 라이크 미

2화

S#1. 우동 가게 홀 (N)

결국 바다가 공짜로 준 우동을 먹고 있는 소영.

소영   (국물 맛을 보고) 음~ 국물 진짜 끝내준다!
        우동 선생님 맞네~ 선생님~.

바다   저기, 선생님이라는 호칭은….

토미   (낚아채서) 셰프님이 해준 공짜 우동이니까 맛있는 거지.
        담부터는 돈 내고 드세요.

토미의 팩폭에 불편한 얼굴로 우동을 먹는 소영.

토미   그쪽은, (바다를 쓱 보고는) 평소에 눈치 없단 소리 많이 듣죠?!

토미의 팩쪽에 바다의 표정이 잠시 당황한 듯 보였다가 챙겨놓은 악보 노트 떠올라.

바다   (노트 가져다주며) 참, 이거… 노트 그쪽 거죠.

토미   아, 얘가 여기 있었네.

그때, 소영이 노트를 채가서는 후루룩 넘겨본다.

소영   (휘둥그레) 뭐야 뭐야. 뮤지션이야아?

토미   (정색) 이리 줘요.

소영   (살짝 쫄아서) 근데 악보가 왜 다 빈칸이야?

토미   (불쾌한 표정)

잠시 싸해진 분위기. 바다가 다시 말을 꺼낸다.

바다   이거 찾으러 다시 오신 거죠?

토미   음… 아닌데?

바다   (희망 걸며) 그럼 혹시… 우동 드시고 싶어서…?

토미   (도리도리) 아니.

소영   그럼 왜 왔대? (국물 후루룩)

토미   왜는, (짧은 침묵) 아프니까 왔지.

S#2. 우동 가게 홀 (N)

가게를 나서려는 소영과 토미.

소영   우동 선생님~ 잘 먹고 갑니다~.

토미   (눈치 주며) 셰.프.님.

소영   (찌릿) 아예.
                우동 셰.프. 님~ 잘 먹고 갑니다~ 내일도 화이링!

바다   (대충 장단 맞춰주고) 네에. 화이링~.

소영에 이어 떠나려는 토미를 붙잡는 바다.

바다   아앗, 저.

토미   ??

바다   어디가 어떻게 아픈 거예요?

토미   그걸 이제 물어보나~ 우동 그릇 비어가는 동안 뭐 하시구.

바다   정말 죄송합니다. 지금이라도 병원에 가시면….
                제가 치료비 다 물어드릴게요.

토미   뭐, 병원 갈 정도까진 아닌 거 같고!
                그래도 뭔가 보상을 받긴 받아야겠는데….

바다   그러면은… 얼마를 어떻게 드리는 게…?

토미   매운 거!

바다	매, 매운 거?!
토미	내일 다시 올 테니까, 여기서 최고로 매운 거, 그거 만들어줘요!

아프다는 말이 무색하게 뛰어가며 멀어지는 토미.

바다	(토미 향해) 정말 매운 거면 돼요?!
토미	(멀리서 외치며) 셰프잖아요! 음식으로 보상해!

토미의 말에 비장한 표정으로 바뀌는 바다.

S#3. 우동 가게 부엌 (D)

다음 날, 비장한 표정으로 주방에 서는 바다.

토미(NA)	여기서 최고로 매운 거, 그거 만들어줘요!

토미의 주문을 듣고 고춧가루를 종류별로 꺼내는 바다.
매운 기운이 솔솔 올라오는 듯 고통스러워한다.

바다	어흐흑, 매워어~~~!!!

웍 앞에서 눈물 훔치던 바다.
스노클링 수경을 쓰고 매운 기를 겨우 버텨낸다.
완성된 매운 볶음우동. 살짝 맛을 볼까 하다가… 고개를 저으며 포기.

S#4. 우동 가게 홀 (D)

스노클링 수경을 이마에 걸쳐 올린 바다.
핵폐기물을 다루듯 매운 볶음우동을 조심히 토미의 앞에 놓는다.

토미 와! 맛있겠다!

바다 많이 매울….

바다의 경고를 듣지도 않고 젓가락을 집어 후루룩 매운 우동을 먹어보는
토미. 바다는 그런 토미를 인상을 쓰며 바라보는데…
토미는 아무렇지 않게 매운 우동을 먹고 있다.

토미 별루… 안 매운데? 맵게 만든 거 맞아요?

바다 (토미의 말에 놀라며) 그… 그럴 리가 없는데?

토미의 말에 의심하던 바다가 젓가락을 꺼내 매운 우동을 한입 먹어본다.
엄청 맵다.

바다 아… 아… 아… 아아아아악~!!!

바다가 난리를 피우고 물을 찾아 돌아다닌다. 하지만 다 떨어진 물통의
물. 참지 못하고 부엌으로 뛰어가 일단 수돗물부터 급히 트는 바다.

바다 아! 아! 아! 아아아아!!!

바다가 격하게 입을 헹궈내는 모습 보이고,
그 모습을 어리둥절하게 보는 토미.

cut to.

잠시 후. 다시 자리로 돌아가는 바다. 혀가 얼얼한지 혀를 내밀고 있다.
계속 우동을 먹고 있는 듯한 토미의 뒷모습 보이고,

바다   (혀가 마비) 이게 안 매다니! 어뜨케 되 거 아니야…?

바다가 토미에게 다가와 하소연을 하려는데…
토미가 울고 있다.
우는 토미를 보고 당황하는 바다.

바다   (같이 울먹이며) 거 봐… 이거 어처 매죠?

토미의 눈에서 눈물이 뚝뚝.
그런 토미를 가만히 살펴보는 바다.

토미가 매워서 우는 것이 아니란 걸 알아차린다.
토미를 보고 당황하는 바다. 토미에게 휴지를 뽑아 건넨다.

바다   더기… 괘… 괘차아요?

토미   어휴 맵긴 맵다. 휴지 말고 술 없어요?

바다   수우?

S#5. 우동 가게 밖 (D)

가게 앞으로 나와 앉아있는 토미.
잠시 후 쟁반에 우동과 이것저것 들고 나온 바다가 빨대 꽂힌 팩소주를
토미에게 건넨다.

바다   (건네며) 자요.

토미   (받아 들며) 팩에다가 소주 넣을 생각, 누가 처음 했게~
            요?

바다   어… 누군데요?

토미   큭, 모르지~ 나도.

바다   (흠, 당했다.)

토미   (소주 몇 모금 꼴깍꼴깍 마시고는) 하~ 살 거 같다.

바다   그래요? 이걸로 보상이 좀 됐는지….

토미   음… 딱 한 입만 더 먹어보고?

            토미, 매운 우동 한 입을 안주 삼아 먹어보고는,

토미   (우동, 소주 각각 가리키며) 이거랑, 요거랑.

바다   ??

토미   교통사고 보상 세트다, 세트~.

            토미가 감탄하는 표정을 보며 같이 웃는 바다.

S#6. 숙박 공간 (D/N)

소주에 취해 뻗어, 바다의 침대에서 잔뜩 쪼그리고 쌔근쌔근 자고 있는 토미. 바다는 토미에게 이불을 덮어준다.

바다   에휴, 참. (헛웃음)

S#7. 우동 가게 홀 (D)

바다, 부엌 정리 중인데 한 남자가 조심히 들어와 카운터 앞을 기웃거리기 시작한다.
남자를 보고 손님인지 아닌지 빤히 바라보는 바다.

부끄러움이 많은 남자는 바다의 부담스러운 시선에 움찔하고…
주문할까 말까, 입을 달싹달싹하며 고민 중.
그런 부끄남을 보고 바다는 아직도 상황 파악을 하며 부끄남을 열심히 노려보는 중.

부끄남   아.

바다   (뚫어지게 본다.)

부끄남   아이씽…. (후다닥)

결국 부끄남은 포기하고 가게 앞에서 급히 멀어지고…
바다는 떠나가는 부끄남을 바라보고 아쉬운 표정이다.

S#8. 우동 가게 홀 (D)

부끄남이 나가고 곧이어 들어온 토미.

토미   (팔짱 끼고 답답하다는 듯 쳐다본다.)

바다   흐흠. (헛기침, 눈치 본다.)

토미   장사를 하겠단 사람이!

바다   저기, 아는데, 제가….

토미   이휴!

토미가 바다의 등을 찰싹 때리려는 순간, 바다가 토미의 손을 탁! 잡으며

바다   요리만 해봤지!

토미   (갑자기 잡힌 손에 당황하는데)

바다   (손 놓아주며) 서빙은 안 해봐서 그래요….

토미   (정신 차리고) 이게 그 문제야?

바다   알죠.
         그냥… '우동 드릴까요?' 이러면 된다는 거 저도 아는데,
         어쨌든 오늘은 이걸로 마감할래요.

44

S#9. 우동 가게 부엌 (D)

바다, 담담하게 부엌으로 가 정리를 시작한다.

토미   (쪼르르 쫓아와) 국물 엄청 남았네.

바다   (시선 안 주고 부산히 움직이며) 버릴 거예요.

토미   헤엑?

바다   오늘 남은 재료에게 내일이란 없어요.
이게 내 요리 철학이라서.

토미   (낯선 모습에 조금 놀람)

바다   그래도, 내일부터는 좀 나아지겠죠?

짤랑- 그때 마침 안으로 들어온 소영.

소영   뭐야! (토미 보고) 또 왔네? 장사는?

바다   끝났어요.

소영   (토미 보며) 오늘 얼마나 팔았는데?

바다   (스스로에게 화난 듯) 하나도 못 팔았습니다.

소영   참… 할 수 없네.
그러면 국물하고 면 남은 거라도 싸줘요.
현금 대신 가지고 가게.

바다   이걸요?

소영   그럼 어떻게 해요? 나도 남는 게 있어야지.
         소분해서 냉동실에 얼려놓고 한참 먹든가 하지 뭐.

         바다가 불편한 얼굴로 우동을 옮겨 담으려 하는데….

토미   잠깐! 내가 해볼게!

소영   뭐야? 뭘 해봐? 이거 내 우동이야!

토미   내가 한번 해볼 테니까.
         (소영에게) 이따가 정산 다시 해.

         cut to.
         종이컵에 우동을 소분하여 시식용 우동을 완성한 토미.
         이를 쟁반에 담아 가게 밖으로 나가려 하며

토미   (비장한 표정 짓고 나간다.)

         이 모습을 의아하게 보는 바다와 소영.

소영   이따가 다시 올… 게.

S#10. 우동 가게 문 앞 (D)

         이어서, 쟁반을 들고 막 가게 문을 벗어나려는 토미.
         몇 걸음 가다가 마음에 걸리는 게 있어 다시 뒷걸음질 치고는 고개를 돌
         려 '5000원'이라고 쓰여 있는 칠판을 물끄러미 본다.

토미   내가 이것도 구제해준다.

토미, '5000원' 글씨를 대충 문질러놓고는 다시 나선다.

S#11. 바닷가 (D)

겨울 바다를 즐기러 나온 사람들에게 다가가 시식용 우동을 나눠주는 토미.

토미   어떠세요?

커플녀   (후루룩 마시고는) 와~ 이거 되게 맛있다!
        자기야, 우리 이거 먹으러 가면 안 돼?

커플남   에이… 바다 왔잖아. 우리 애기, 오빠가 저기 횟집 예약
        해놨어요오?

커플녀   아아~ 나 회 추워~ 시러~ 이거 먹고 싶은데에.

토미   (좀 더, 좀 더, 부추기는 제스처)

커플녀   이거 안 먹으면 나 집에 갈래.

커플남   (깜짝 놀라) 저기요! 이거 어디서 팔아요!

토미   (엄지척 하며) 저기 자동차 세워진 가게입니다!

토미의 말을 듣고 우동 가게로 향하는 커플.

S#12. 우동 가게 홀 (N)

어느새 손님들로 북새통을 이루는 우동 가게 안.
바다는 바쁘게 우동을 만들어 손님들에게 내주고 있다.
우동을 먹은 여러 손님이 우동의 맛에 감탄한다.
너무 바쁜 틈에 여기저기 우동을 빨리 달라고 아우성을 치고…
바다가 멘붕에 빠지기 직전!

시식 우동을 모두 돌리고 빈 쟁반을 든 채 돌아온 토미.

토미   (바다에게) 줘요! 내가 서빙할게요!
            자, 우동 나갑니다~.

토미가 바다가 만들어준 우동을 여기저기 나른다.

cut to.
정신없이 마지막 우동 그릇을 넘기는 바다.

바다   이거 마지막 주문이요.

바다가 내민 우동 그릇을 받는 토미.
우동 그릇을 사이에 두고 두 사람의 손이 절묘하게 맞닿는다.

이에 바다가 움찔하고…
바쁘게 우동을 챙겨 떠나는 토미는 그런 바다를 보고 씨익 웃는다.

S#13. 우동 가게 홀 (N)

손님들이 다 빠져나간 후.
바다는 믿을 수 없단 듯 쌓여 있는 빈 그릇들을 바라보고…

토미　　거 봐! 다 팔렸지?

바다　　(여전히 낯가리는 웃음) 오늘 고마웠어요….

토미　　(다정하게) 내일부터는 좀 나아지겠죠?

바다를 보고 씨익 웃은 후 자리 툭툭 털고 일어나 이만 가게를 떠나려는
토미. 바다는 무언가 할 말이 남은 듯한 표정.

S#14. 우동 가게 홀 (N)

(S#13에 이어서)
바다가 머뭇대는데 그런 바다를 두고 손을 흔드는 토미.

토미　　나 간다아!

바다　　(눈을 질끈 감고) 저기, 저기요!

토미　　(돌아보며 '나?' 하는 표정으로 자기 자신 가리키는데)

바다　　저기… … … 그러니까… ….

토미, 가던 길 다시 돌아와 바다에게

토미	(궁금한 표정)
바다	(어렵게 뱉어내며) 내일….
토미	내일?
바다	그러니까 내일 시간 되면….
토미	(이미 긍정) 돼, 돼!
바다	(우다다 쏟아내며) 내일부터 시간 되면 저랑 동업 안 하실래요?

예상치 못한 제안에 조금 당황한 토미.
하지만 상기된 표정의 바다에게 금세 씨익 웃어 보이는데…

두 사람 묘한 기류로 마주보는 데서,

2화 End.

"토미 님께서는 서빙에 도가 트신 것 같으니까
  환상의 팀이 되지 않을까 하는⋯."

   "순수익의 35? 거기에, 매일 팩소주랑 매운 우동 제공!"

"일하면서 술은 안 되죠!"

   "알았어. 그건 오케이! 그럼 우리 잠은 여기서?"

"우리? 우리 같이 자요?"

   "당연한 거 아니야?"

오션 라이크 미

3화

S#1. 우동 가게 홀 (N)

바다의 제안에 토미가 협상 테이블에 앉아 있다.

바다   제가… 말주변도 없고… 수줍음도 많이 타고…
그런데 그쪽께서는….

토미   토미! 내 이름!

바다   아! 저는 한바다입니다. 반가워요. 토미 님.

바다, 악수 청하는데 토미가 반응 없이 빙긋 웃고만 있자

바다   (손 거두며) 아무튼 토미, 토미 님께서는 서빙에 도가 트
     신 것 같으시니까 저를 도와주신다면… 환상의 팀이 되지
     않을까 하는….

토미   (팔짱 끼며) 빅픽처 그렸나?

바다   네. 그런….

토미   조건은?

바다   어… 제가… 건물주님한테 매출 70프로를 주는데요,
     (손바닥에 열심히 계산하듯 그려가며) 그러면 제가 토미
     님한테 드릴 수 있는 게….

토미   잠깐.

     바다의 손을 덥석 잡는 토미.

토미   누구한테 70프로?

     마침 안으로 들어오는 소영. 바다가 소영을 손가락으로 가리키는데

소영   (활짝 웃으며) 다 팔았다면서~ 오늘 수익 받으러 왔습니
     다~!

     소영을 째려보는 토미. 이에 움찔하는 소영.

S#2. 유통 가게 홀 (N)

소영과 마주한 토미. 바다는 토미 옆에서 끔적끔적.

바다   (소영, 토미 눈치 보며) 이분이 건물주인데요….

토미   꼴랑 이거 빌려주고 7을 먹는다고?

소영   꼴랑? 여기가 우리 집안에서도 얼마나 유서 오브 유서 깊은 곳인데 그렇게 막말을 막 쏟지?!

토미   그쪽네 집안 값을 (바다 슬쩍 보며) 왜 이쪽에 매겨.

소영   매겨야지! 우리 집이 대대로 바닷가에서 쌓은… 정! 가족애…? 영향력?
        이런 거 값이 다 들어가야지. 왜애 그, 킨, 킨-.

바다   킨포크?

소영   어, 그래 그래! 킨포크.
        친한 사람들끼리 모이면 뭐 킨포크라며. 여기도 그런 느낌 아니야?
        하나 문제없는데 왜 유난이에요오?

토미   그거야 이 모지리가 때 빼고 광나게 청소하고 꾸미고 다 했으니까 그렇지!

소영   하, 진짜. 나~ 이런 모욕 받고 내 건물에서 장사하게 못 두겠다.
        (바다에게) 방 빼.

바다   (당황하여) 저… 저기.

토미가 소영에게 떼어온 전단지를 보여주며…
'요식업 환영, 숙박 가능, 욕실 완비, 부가세 포함 월 88만 원'

토미   여기 88만 원에 올려놨던 거 맞지?

소영   (당황) 아니….

토미   원래대로 받았어도 충분한 거 아니야?
        이거는 완전 사기꾼이지!

바다   (소영 향해) 어떻게 된 거예요?

소영   (할 말을 잃으며) …….

토미   어디에 기사라도 나봐야 정신을 차리시겠죠?! 응?

소영   (흠칫 쫄며) 아니, 저기, 그거는 안 돼요….
        우리 아부지 좀 있으면 도의원 나간단 말이야….
        한 번만 살려줘, 응?

토미   그럼 어떻게, 월 44만 원?

소영   4, 44?

토미   아니면 지금 내가 방송국에 전화를 바로 넣고~.

소영   (살짝 고민하다가) 66에 안 되겠씁꽈?

토미   55! 더는 안 돼!

토미의 말에 어쩔 수 없이 고개를 끄덕이는 소영.
토미가 바다를 향해 씨익 웃는다.
바다는 토미를 다시 본다.

S#3. 숙박 공간 (N)

토미와의 남은 계약을 정리하고 있는 바다.

바다   (노트에 끄적이며) 재료비랑 초기 비용 이것저것 생각하면….

토미   나는 순수익의 35?

바다   (받아 적으며) 순수익의 35….

토미   거기에, 매일 팩소주랑 매운 우동 제공!

바다   팩소주… 매운 우동… (받아 적다가)
        일하면서 술은 안 되죠!

토미   알았어. 그건 오케이!

바다   네. 그건 오케이. (오케이마저 받아 적음.)

토미   그럼 우리 잠은 (침대 가리키며) 여기서?

바다   (화들짝 놀라며) 우리? 우리 같이 자요?

토미   당연한 거 아니야?

바다   침대가 이거 하나밖에 없는데… 괜찮겠어요?

| 토미 | 음… 쿠션감 좋던데. 난 좋아. |

| 바다 | 그래도, 어… 같이 자는 거는 느낌이 다르지 않을까…. (머리로 열심히 시뮬레이션) 제가 바닥에서 자면… 입 돌아갈 거 같고, 가게 의자를 세 개 붙이면 누울 수 있을지도…. |

| 토미 | 걱정도 많아요? (놀리듯) 나는 손만 잡아볼 건데. |

| 바다 | 네, 네? |

| 토미 | 소온. 앞으로 잘해보자고. |

이제야 악수를 청하는 토미.
바다, 뭔가 어리둥절하지만 일단 손 잡아보는데

| 토미 | (잡은 손 흔들며) 근데 이 침대는 말이야. |

| 바다 | 네. 아무래도 좀 불편하겠…. |

| 토미 | 다시 누워보면 알지 뭐! |

| 바다 | 앗, 저…. |

토미, 아무렇지 않게 욕실 쪽으로 향하고, 바다는 좌불안석.
잠시 후 솨-하는 샤워기 소리가 들려오자 혼자 작은 숨 후- 몰아쉬는 바다.

S#4. 바닷가 (새벽)

파도 소리 들려오는 아침의 바닷가.
그 옆으로 자리한 우동 가게 풍경.

S#5. 숙박 공간 (D)

작은 침대 위에서 악몽을 꾸듯 잔뜩 구겨진 얼굴로 자고 있는 바다.
바다가 소스라치게 팟! 놀라 눈을 뜨면…
이불을 꾸깃꾸깃 다리 사이에 낀 토미가 바다를 꼭 끌어안고 옥죄여 자고
있다.
크게 당황한 바다.
토미의 팔다리를 겨우겨우 떼어내고 장사를 준비하러 가던 걸음에,
다시 돌아가 토미에게 이불을 덮어준다.
쌔근쌔근 세상모르게 잠든 토미의 얼굴을 조심스럽게 바라보던 바다.

바다   내가 이러려고 온 건 아닌데….

바다, 잠시 머뭇거리다 얼른 자리를 벗어난다.

S#6. 우동 가게 홀 (D)

바다가 표주박으로 씨간장을 뜨고 있다.
담요를 대충 두른 토미가 바다에게 다가와서는,

토미	하이~! 동업자.
바다	(말없이 고개를 꾸벅)
토미	어휴… 정 없어. (씨간장을 보고는) 이건 뭐예요?
바다	씨간장이요.
토미	씨간장?
바다	이 씨간장이 우리 집 대대로 내려와서 거의 100년이 다 됐는데, 작년에 아버지 은퇴하실 때 물려받았어요.
토미	우와아, 100살!

토미가 손가락으로 찍어 먹어보려는데,

바다	(버럭) 지금 뭐 하는 겁니까!
토미	응? (멈칫)
바다	그런 사소한 행동 하나가 맛을 좌우하는 거라고요!
토미	아니, 나는….
바다	어서 가서 씻고 오기나 해요!!!

이전과 달리 날카로운 바다의 모습에 놀라는 토미.

| 토미 | (괜히 미안해서) 알았다! 알았어! |

토미, 씩씩거리며 씻으러 가는데 미동도 없는 바다.

S#7. 우동 가게 홀 (D)

막 씻은 차림으로 가게로 들어온 토미.

바다   (바삐 움직이며) 씻고 왔어요?

토미   (죄지은 얼굴) 응….

잠시 후, 바다가 작은 종지를 토미에게 건넨다.

바다   아까 그 씨간장으로 간 맞췄어요.
              오늘 쓸 육수인데 먹어봐요.

토미   (조심히 맛보고는) 맛있다….

바다   오늘은 4.6점 줬어요.

토미   응???

S#8. 우동 가게 부엌 (D)

바다가 막 삶은 면을 채반에 받쳐서 씻어내는 중.
토미가 쪼르르 와서는

토미   (눈치 본다.)

바다   화내려고 한 건 아니에요. 저한테 워낙 소중한 거라.

토미   … 미안해.

바다	(잠시 생각하는 표정이더니) 동업 첫날 잘 부탁드립니다, 토미 님.
토미	(장난스레 경례) 예, 셒!

토미의 밝은 모습에 바다가 피식 웃는다.
토미도 바다에게 씨익 웃어 보인다.

S#9. 우동 가게 밖 (D)

우동 가게 앞에 걸려 있는 칠판에 그림을 그리고 있는 토미. 뭔가 진지한 모습.
화장실을 다녀오던 바다가 이를 보고 소스라치게 놀라며 달려온다.

바다	어어, 낙서하면~ 안 돼요! 이거 우리 간판이나 다름없는 건데… 어?!

달려와 토미를 말리던 바다는 토미의 예상외 그림 실력에 놀라며 감탄한다.

바다	우와… 그림 엄청 잘 그린다.
토미	어뜨케? 그만해요, 사장님?
바다	아니요! 더 그려요, 더 많이!

cut to.
토미가 그린 칠판 그림이 서 있는 가게의 풍경.
'수줍은 우동'

S#10. 바닷가 (D)

어제와 마찬가지로 작은 컵에 우동을 소분해 담아 겨울 바다 사람들에게
나눠주고 있는 토미. 이를 먹은 사람들이 다들 좋아한다.

토미 　　저-기! 칠판에 '수줍은 우동' 쓰여 있는 가게!
　　　　 거기서 파는 우동이에요~.

토미의 홍보에 시식하려고 몰려드는 사람들.

S#11. 우동 가게 안 (D)

우동 가게로 몰려드는 겨울 바다 관광객들.
바쁘게 우동을 만들고 있는 바다.
토미는 열심히 손님 응대 중이다.

토미 　　맛있게 드세요~. (뒤 손님에게) 우동 몇 개 드릴까요?
손님1 　저희 우동 세 개요!
토미 　　네, 알겠습니다! 우동 세 개요!!!

S#12. 우동 가게 밖 (D)

순식간에 매진된 '수줍은 우동'.
토미가 매진 팻말을 든다.

토미   (손님에게) 죄송합니다.

         오늘 점심은 재료 소진으로 여기서 마감합니다~.

         아쉬움에 돌아가는 손님들.
         바다, 같이 나와 손님들에게 꾸벅꾸벅 인사하는데

토미   어휴, 난리다, 난리~. 이제 좀 쉬어요!

바다   쉬기는 뭘 쉬어요! 빨리 와요! 시간 없어요!

토미   에?! 어디 갈라고?! 아 좀 쉬자~.

         바다가 토미를 밖으로 몰아내 급히 차에 태운다.

S#13. 마트 (D)

         마트에 장을 보러 온 바다와 토미.
         바다는 꽤나 진지한 표정으로 재료를 고르고 있다.

바다   (쪽지랑 카트에 담긴 물건들 비교하며) 다시마 됐고, 표
         고 넣었고, 양파랑….

토미   사장아, 혹시 내 밥은 언제 담아?

바다   밥이요?

토미   팩소주우!

바다   쓥, 그건 이따가!

토미   네에, 셒~.

cut to. 팩소주 진열대.
토미가 팩소주를 보고 물개 박수를 치고…
진열대의 팩소주들을 카트에 왕창 담는다.
이를 노려보고 있는 바다. 그런 바다를 보고 헤헷 웃는 토미.

S#14. 똥타주 (D/N)

- 문전성시를 이루는 우동 가게. 사람들이 바다의 우동을 기다리고 있다.
- 토미 "마감합니다" 인사하는 모습과 함께 '매진!' 팻말이 보인다.
- 토미 "죄송합니다, 손님~" 인사하는 모습과 함께 'sold out' 팻말이
  보인다.
- 바다 "죄송해요, 오늘은 재료가…" 모습과 함께 '재료 소진' 팻말이 보
  인다.
- 토미+바다 "오늘은 끝났어요" 모습과 함께 '오늘 장사 끝' 팻말이 보인다.

S#15. 우동 가게 홀 (N)

장사를 마치자마자 족타로 밀가루를 반죽하고 있는 바다.
앞치마를 벗던 토미가 그런 바다의 모습을 보고 씨익 웃는다.

토미   … 우동에 진짜 진심이네. 인정.

슬쩍 바다의 사진을 찍어 SNS에 올리는 토미.
'우리 우동 면의 비밀~.'

이때… 토미의 배에서 꼬르륵 소리가 나고….

토미 (바다 향해) 바다! 나 도움 필요해! 도움!

바다 (빼꼼) 네?!

토미 우리 야식 먹자. 응?

S#16. 숙박 공간 (N)

침대에 쪼그리고 앉아 있는 토미.
바다가 완성된 볶음우동을 들고 온다.

바다 밤이라서 좀 덜 매콤하게 했는데.

토미 와! 야식!

바다, 침대에서 접시 받아 드는 토미가 불안해서

바다 조심해요. 침대에 안 흘리게.

토미 (젓가락 들며) 음- 맛있겠다아.

바다 (사랑스럽다는 듯이 웃음)

토미 응! 근데 나만 먹어? 같이 안 먹어?

바다 난 괜찮아요. 속 부대끼면 괜히 내일 힘들어서.

토미 어후, 지독해. 셰프들은 배도 안 고프냐.

젓가락질을 시작하려는 토미를 보고 바다가 보기 드물게 밝은 웃음을 보인다.
그런 두 사람, 잠깐 눈빛이 마주치는데

토미   (우동 먹으려다 멈칫하며) 왜 쓸데없이 해맑게 웃고 그래….

바다   아아, 편하게 먹어요. 나는 주방 정리 좀….

토미, 자리 피하려는 바다를 붙잡는데

토미   잠깐만.

바다   ??

토미   나도 뭐 하나 해줄게.

궁금한 표정의 바다.

S#17. 우동 가게 홀 (N)

토미, 바다 팔을 붙잡고 홀 테이블 한쪽으로 부산하게 데려오더니 의자 하나를 끌고 온다.

바다   뭔데 그래요?

토미   (의자 탁탁) 앉아봐요, 우선. 나만 믿어요?

바다가 자리에 앉는 동안 토미가 따뜻한 물이 담긴 대야와 수건을 가져온다.
바다 발 앞에 앉고는 다짜고짜 슬리퍼와 양말을 벗기기 시작하는 토미.

바다   (화들짝) 지금 뭐 해요?

토미   으음!

토미, 다시 조심조심 양말을 벗기며

토미   혼자서 반죽 밟으면 이 발만 매일 피곤하잖아.

바다   …….

토미   이런 건 내가 해줄 수 있는 거 같아서.

바다, 토미가 하는 대로 가만히 둔다.
찰랑찰랑, 적막 속에 잘게 물 흐르는 소리만 들리고
바다의 발을 소중하게 닦아주는 토미.
바다, 그런 토미의 모습을 가만히 바라본다.

바다   근데… 토미 님은 원래 뭐 하던 사람이에요?

바다의 말에 순간 멈칫하는 토미. 뭔가 불편한 기색.

바다   아! 제가 쓸데없이….

토미   그냥 백수! 일 잘 안 풀리고… 하고 싶은 것도 없고…
       무전여행 중이었어.
       뭐, 그, 쓸데없이 악보나 들고 다니면서… 괜히 허세 부리
       고 돌아다니고, 그런 거….

잠시 적막이 흐르고,

바다   토미 님.

토미   응?

바다   전 어릴 때부터 요리만 했었어요.

토미   으응. 알아.

바다   (잠시 생각) 아… 그래서 저는 토미 님처럼 자유롭게 사
        는 게 부럽기도 하고, 그러니까….

토미   (말 끊으며 애써 밝게) 나 괜찮아.
        상처 있는 사람 취급하지 마아.

바다   네…. (끄덕끄덕)

        바다와 토미. 잠시 서로를 물끄러미 보더니 조용히 미소 나눈다.

토미   다 됐어. 수건이….

바다   (수건 집어주며) 여기, 고마워요. 이거 다.

토미   (수건 받아서 발 닦아주며) 칫, 고마우면 내일 팩소주 한
        개 더 먹게 해주라?

민상(off) 바다야.

        가게 안으로 들어오는 한 남자. 돌아보는 바다와 토미.
        바다가 그를 보고 경직된 표정으로 일어난다.
        영문을 몰라 하며 같이 일어나는 토미.

민상, 토미 쪽을 한번 보고는 서늘한 웃음에

민상   **오랜만이다.**

바다의 옛 연인 민상, 바다, 토미의 표정 교차되는 데서

3화 End.

"저 사람 누구야?"

"남의 일에 상관하지 말아요."

"남의 일?"

"그럼 남이지, 뭐라도 됩니까? 어디서 어떻게 살던지도
모르는 사인데 당신이 왜 우리 일에 끼어들어서 대회를
나가라 말아라 하고….".

"그러니까 아까 그 사람이랑은, 우리였다는 거네."

오션 라이크 미

4화

S#1. 우동 가게 안 (N)

민상과 마주 앉아 있는 바다.
토미는 가게 구석에 앉아 핸드폰을 만지고 있지만…
귀를 쫑긋 세우고 그들의 대화를 엿듣고 있다.

민상   난 니가 그렇게 가버려서… 많이 놀랬다.

바다   … 원하는 대로 해줬잖아.

민상   생각할 시간을 갖자고 한 거지.
　　　너 일 쉬는 동안 우리 관계도 다시 정리하고…
　　　하나씩 추스른 다음에 다시 부를 참이었어.

바다	허, 니가 오라면 오고, 가라면 가야 되는 사람 아니잖아, 나. 지금 이런 거 따지러 온 거니?
민상	… 아냐. 가게 열었다고 들어서, 궁금해서 와봤어. 모르는 사람하고 말도 제대로 못 섞는 거 아는데. 걱정도 좀. 되고.
바다	아주 잘하고 있어. 장사도 잘되고.
민상	그래. (토미 쪽 흘깃 보며) 사귀는 사람?

민상의 말에 고개를 드는 토미. 뭔가 불만 가득한 표정.

바다	동업자야. 많이 도움받고 있어.
민상	동업자?
바다	(인상 쓰며) 불편해. 이제 그만 가!

바다가 일어나려는데…

민상	우리 호텔, 이 근처에 지점 새로 낸 거 들었지? 경연 대회 열려고 준비 중이야. 내가 심사위원장이고.
바다	… 그래서.
민상	거기서 우승하면 호텔 경력 없어도 바로 수셰프로 요리할 수 있어. 바다야. 너 실력이면 충분하잖아. 다시 시작하자.
바다	다시?

민상	내가 너 재기할 수 있도록 최대한 도울게. 응?
바다	내 말 못 알아들었나? 나 지금 여기서 재기한 거라고. 안 들려?
민상	한바다. 이런 구멍가게에서 그러지 말고….

민상의 앞을 가로막는 토미.

토미	(불쑥 끼어들며) 725만 원!
민상	…?
토미	3주 동안 우리가 번 돈! 725만 원.
민상	(찌그러지는 미간)
토미	이런 구멍가게에서… 생각보다 꽤나 벌어요. 우리가.

토미의 도발에 피식 비웃는 민상.

민상	당신, 한바다에 대해서 얼마나 알아?
토미	(순간 머뭇)
민상	바다, 내가 발굴한 셰프야. 레스토랑 앞에 대기만 두 시간씩 세웠던 셰프라고. 이런 데서 우동이나 만들고 있을 사람이 아니야.
토미	우동이 뭐가 어때서?
바다	(민상을 말리며) 그만해. 나 이제 그런 데 안 나가.

토미	(안 들림) 그래, 바다 님! 우리 보여주자.
	그 요리 대회 우승하면 되는 거 아니야?!
민상	(피식 웃으며 바다에게) 너 이 사람 말, 책임질 수 있겠어?
바다	내가 안 한다고 했어! 그만 가줘, 제발!

바다가 소리치자… 민상이 말을 멈추고 자리에서 일어난다.

민상	그래, 갈게. 가는데.

민상, 토미에게 경고하듯이 시선 두고는

민상	올 거야. 너.

민상이 떠나고,

토미	(바다에게) 누구야? 저 사람 누구야?
바다	남의 일에 상관하지 말아요.
토미	남의 일?
바다	그럼 남이지, 뭐라도 됩니까?
토미	(잠시 눈빛 흔들리고) 전에 사귄 사람인 거지.
바다	상관하지 말라고 했잖아요.
토미	어떻게 상관을 안 해, 우리가….
바다	'우리', 우리가 서로 아는 게 얼마나 있어요?

어디서 어떻게 살던지도 모르는 사인데 당신이 왜 우리 일에 끼어들어서 대회를 나가라 말아라 하고….

토미   그러니까 아까 그 사람이랑은, 우리였다는 거네.

바다   …….

토미   (분노) 그 사람은 맘대로 상관하잖아.
내가 너랑 같이 있는 거, 얼마든지 상관하게 해줬잖아!

토미는 크게 상처 입은 듯… 가게에서 나가버린다.
남겨진 바다의 표정이 좋지 않다.

S#2. 숙박 공간 (D)

다음 날 아침, 눈을 뜬 바다.
어제까지 옆에서 자고 있던 토미가 없다.
토미의 빈자리를 보고 잠시 고민하던 바다…
이내 몸을 일으켜 장사 준비를 한다.

S#3. 우동 가게 부엌 (D)

어두운 얼굴로 양파 썰 준비를 하고 있는 바다.
이윽고… 짤랑- 가게 문이 열리는 소리.
토미가 안으로 들어온다.

78

토미	(양파 썰려는 바다 자리 차지하며) 이리 줘.
바다	어디 갔었어요. 밤새 안 들어와서 걱정했잖아요!
토미	남이사···.
바다	상관할 거 없다, 이건가요?
토미	······.

차가운 토미의 말에 괜히 더 화가 나는 바다.
토미 역시 화가 안 풀린 얼굴.
둘은 아무 말도 없이 각자 장사를 준비한다.

S#4. 숙박 공간 (D)

※의상: 이 신의 의상 계획 유지(숙박 공간용 의상 X)

씨간장 항아리를 바깥에 두고 숙박 공간으로 들어오는 바다.
토미가 화가 난 얼굴로 침대 밑에 대충 걸터앉아 있다.

토미	보면 말을 진짜 재수 없게 하는 게 있어.
바다	(토미에게) 슈퍼 가서 마늘 좀 사 올게요. 밖에 씨간장 끓여서 옮겨놓은 거 있으니까 잘 좀 지키고 계세요.
토미	그런 건 남한테 왜 시킨대~ 직접 하시지.
바다	(토미를 째려보며) 적당히 하시죠. 동업자님!

바다가 씩씩거리며 나간다.
그런 바다를 째려보는 토미.

cut to.
잠시 후, 열린 숙박 공간 문으로 빼꼼 고개를 내미는 꼬마들.

꼬마1	아저씨! 지금 우동 먹을 수 있어요?
토미	어… 좀 많이 기다려야 되는데?!
꼬마2	기다리자! 여기 우동 엄청 맛있어서 줄 엄청 길어! 맨날 못 먹어!
토미	(꼬마들을 보고 씨익 웃으며 자리를 내어준다.) 그래! 추우니까 여기서 기다려!

토미가 웃으며 꼬마들을 안내한다.

S#5. 숙박 공간 (D)

※의상: 이 신의 의상 계획 유지(숙박 공간용 의상 X)

ins. 돌아온 바다.
그런데… 바닥에 씨간장이 쏟아져 있는 것이 보인다.

숙박 공간으로 씩씩거리며 들어와 토미에게 버럭 화를 내는 바다.

바다	어떻게 된 거예요?
토미	아… 저기….

바다	이것 좀 잘 보고 있어 달라고 한 게! 그렇게 어려워요!
토미	미안해. 응?

화가 단단히 난 바다가 씩씩거리며 잠시 나가더니 무언가 챙겨 돌아온다.
그러더니 돈 한 뭉치를 토미의 손에 쥐여주는 바다.
이게 뭔지 몰라 하는 토미.

바다	그동안 일한 거요. 약속한 금액보다 더 될 거예요.
토미	······.
바다	고생 많았고요, 그만 가주세요.
토미	… 어제 그 새끼랑 똑같다, 너.
바다	뭐라고요?
토미	어제 그 새끼랑 똑같다고. 대단하게 챙겨주는 척 예의 다 차리면서, 하는 짓은 일방적인 거.

토미, 바다에게 돈뭉치를 도로 버리듯이 넘겨버리고 바다를 남겨둔 채 화난 걸음으로 걸어 나간다.

할 말을 잃은 바다의 표정.

S#6. 우동 가게 홀 (D/N)

토미가 없어도 장사가 잘되는 우동 가게 안.
어지러운 모습에 당황하는 바다의 표정.
그런 바다의 옆으로 스윽 다가오는 소영.

소영   짝꿍이 없네?

바다   오늘 바빠요. 드실 거예요?

소영   으음~ 먹으러 온 건 아니고. 어떻게… 오늘 매출 5 대 5로
나누는 거로 내가 좀 도와줄까요?

바다   (화색) 어, 네! 무조건 좀 부탁드립니다!

바다의 말에 사악하게 씨익 웃는 소영.

소영   자! 모두들 줄을 서주시고!

바다   일단! 저기 우동 두 그릇부터!

바다가 내민 우동을 소영이 쟁반에 담아 나가려는데….

잠시 후,
우당탕탕탕탕!!! 소리에 쏠리는 시선.
들고 있던 쟁반을 엎어버린 소영이 보인다.
여기저기서 들려오는 손님들의 항의 소리!
바다의 표정이 울상이다.

S#7. 우동 가게 홀 (N)

고개를 푹 숙이고… 들지 못하는 소영과 넋이 나가 있는 바다.
가게 안은 엉망이 되어 있다.

소영   미안… 아까 매출 50프로 얘기한 건…
        내가 알아서 포기할게.

소영이 말없이 가게를 빠져나간다.
바다는 엉망인 가게를 멍하니 보다가
한숨 푹 내쉬고는 가게를 치우려는데… 안으로 들어오는 한 남자.

기자   저, 안녕하세요?

바다   어… 오늘… 장사… 끝… 났는데요….

기자   아! 저는 우동 먹으러 온 게 아니구요.
        (명함을 꺼내 바다에게 내밀며) 인터넷 일간지에서 왔는
        데요, 기자 정수현이라고 합니다.
        이 지역 유명 코스들 취재하고 있어요, '수줍은 우동'이 양
        양 맛집으로 SNS에 인기가 많다고….

바다   우리 가게요?

기자   네. 그래서 취재하고 싶어서 왔습니다.

바다   저는 SNS 한 적 없는데….

기자   어…. (핸드폰 보여주며) 여기 이 계정 한번 보시면.

토미가 만든 '수줍은 우동' SNS 홍보 계정 내용들.
- 예쁘게 찍힌 바닷가 옆 우동 가게의 사진.
- 칠판에 쓰인 '수줍은 우동'이 유독 눈에 띈다.
- 깨끗한 가게 내부 사진.
- 열정적으로 칼질하는 바다의 모습.
- '완성된 우동 한 그릇!'의 사진.
- 사진에 달린 댓글들. '저거 먹으러 지금 서울에서 출발합니다', '부산에
  는 안 오나?', '전라도도 와줘잉~' 전국 팔도의 댓글들이 넘쳐나고 있다.

기자   그래도 운영한 지 꽤 된 계정인 것 같은데, 여태 모르셨어
       요?

기자가 보여준 SNS 계정을 놀라 바라보고 있는 바다의 얼굴.
뭔가 토미에게 미안해지는 표정.

S#8. 우동 가게 홀 (N)

(S#7에 이어서)
한쪽 테이블에 자리를 잡고 인터뷰 중인 기자.

기자   근데… 생각보다…
       (가게 안을 살피며) 가게가 깨끗하지는 않네요?

바다   아… 오늘 좀….

기자   제가 오기 전에 조사를 좀 해봤는데.
       이태원 프렌치 레스토랑에서 셰프 경력이 있으시다고 들
       었거든요.

바다   아, 네….

기자   그런데 어떤 계기로 여기로 오신 건지?
           또 왜 프렌치가 아니고 우동으로 전향을 하셨는지?

바다   … 그냥… 겨울 바다 오면 추우니까…
           추우면 우동이 또 맛있고….

기자   (바다의 대답에 당황) 네… 뭐… 어!
           그럼 '수줍은 우동'만의 비법이 있을 것 같은데?

바다   그냥… 열심히 맛있게 만드는 거요?

토미   (불쑥) 내가 내가 이럴 줄 알았어!

바다가 토미의 등장에 활짝 웃는다.

토미   아이고 기자님~!
           그럼 지금부터 우리 '수줍은 우동'의 비법을 요만큼만! 공
           개하도록 하겠습니다.

토미가 능수능란한 말솜씨로 인터뷰를 시작한다.
토미의 인터뷰를 보고 웃는 바다.

cut to.
바다의 상상이었다. 토미는 오지 않았다.

기자   (당황) 그냥 열심히… 만드는 게… 다인가요? 사장님?

바다   아… 네….

기자가 난감해한다.

기자   그리고 좀 마지막으로 묻고 싶은 건….
        곤란하실 수도 있는데… 글을 올린 분의 멘트가…
        노동법에 저촉된다는 의견이 간혹 있어서요~.
        이거에 대해서 질문을 좀 드려요.

        기자가 SNS 다시 보여주는데,
        토미가 올린…
        '밥도 안 먹이고 일 시키는 열혈 셰프ㅜㅜ'
        '잠도 안 재우고 일 시키는 열혈제곱 셰프ㅜㅜㅜ'
        '직원의 휴식 시간 보장해주라이' 등의 장난식 포스팅.

바다   어, 이거는….

        기자의 질문에 당황하는 바다.

기자   오늘도… 아까 여기서 일하셨던 여자분이요.
        그분도 뭐 매출을 포기한다, 그러시는 거 같던데요.
        이거 다, 비슷한 맥락?

바다   아, 아뇨, 그거는… 진짜….

        바다, 말문이 막혀서 제대로 항변하지 못하는데,
        그런 바다를 날카롭게 바라보는 기자.

S#9. 기자 사무실 (N)

늦은 밤, 사무실에 앉아 기사를 쓰고 있는 기자.

'더러운 실내… 노동법 준수하지 않는 셰프… SNS 맛집의 실태 고발'
이란 자극적인 제목으로 글을 쓰고 있는 기자.

똑똑-
누군가 열린 사무실 문을 두드리는 소리가 나는데,
기자가 고개를 돌려보니 민상이다.

민상   정수현 기자님 되시죠? 오늘 '수줍은 우동' 다녀가신.

기자   네, 맞습니다만. 누구…?

민상   제가 거기 셰프를 아주 잘 압니다.
        도움을 좀 드리고 싶은데.

갸우뚱하는 기자의 표정.

S#10. 우동 가게 홀 (N)

멍하니 앉은 바다를 보는 소영. 마음이 불편한 표정으로 핸드폰을 꺼내
드는데 이미 보도된 기사 타이틀('더러운 실내… 노동법 준수하지 않는
셰프… SNS 맛집의 실태 고발') 보인다.

소영   아휴… 이게 뭔 일이야.

S#11. 우동 가게 홀 (N)

(S#10에서 이어지는 대화)

소영   (바다에게 다가오며) 사람이… 없네?

바다   네….

소영   (미안한 듯) 혹시 나 때문에 그런 거는….

바다   후, 아니에요….

소영   짝꿍은 아직이고?

바다   네….

소영   으응… 근데, 혹시 말이에요… 응?

바다   ??

소영   둘이 사귀어?

바다   네에?

소영   아니, 나처럼 바닷가에서 오래 산 사람들은 눈치가 진짜 빠르거든?

바다   (어이없음.) 바다랑 그거랑.

소영   아이, 뭐 그거는 그렇다는 건 줄 알고!
만약에 둘이 애정 싸움 나고 그런 거면, 뭐, 짝꿍이 돌아오거나….

88

바다   (피곤) 그런 거 아니거든요.

소영   (제멋대로) 아니면 우동 선생님이 짝꿍을 찾으러 가든가!
둘 중 하나가 져주면 되는 거 아니겠어?

바다   (포기) ⋯ 글쎄 아니라니까요.

소영   아니긴~ 내 눈엔 다 보이는데 뭐. 그 타미가⋯.

바다   토미요⋯.

소영   그래, 토미가아, 나랑 성격이 안 맞긴 한데, 쩝.
나랑 안 맞는 사람들은 어째 남들한텐 인기가 많드라.
지금 안 잡으면 누가 채간다?

바다   됐어요. 다시 올 생각 없어 보였어요.

소영   아⋯ 진짜 선생님은 유두리가 없어.
이 연애라는 거는! 니가 잡아줘야! 또 걔가 명분이 있어
서 오고! 응?

바다   (헛웃음) 저는 프랑스 요리 하다가 우동 선생님 됐고, 키
스도 안 해본 소영 님은 연애 선생님 다 됐네.

소영   이씨! (울컥) 너 말이 늘었어!
나 우동이나 줘! 다 먹고 갈 거야.

바다   (한숨 푹) 네에⋯.

S#12. 숙박 공간 (N)

그날 밤. 잠들기 전 샤워를 막 마치고 나온 행색(상의 탈의)의 바다.
침대 밑에 앉아 이부자리를 챙기는데 문득 지난 기억들이 스쳐 간다.
- 첫 키스 같았던 첫 만남.
- 잠들어 있던 토미의 얼굴.
- 바다의 발을 씻겨주던 토미와의 시간들.
- 추위를 잘 탄다던 토미의 말들.

이불을 꼬옥 덮고 좁은 침대 위 빈자리를 괜히 남겨두는 바다.

바다   (한숨) 추울 텐데….

S#13. 우동 가게 밖 (D)

손님2   11시다, 11시.

바다가 'open'이란 팻말을 건다.
가게 안으로 우르르 들어가려는 사람들. 그런데…

갑자기 'open' 팻말을 떼고 '오늘 장사 끝' 팻말을 다는 바다.
이를 보고 당황하는 손님들.

손님3   어! 오늘 장사 안 해요?!

바다   네! (난생처음 큰 소리로) 죄송합니다!
오늘 제가 중요한 일이 생겨서!
오늘 장사는 쉽니다!

바다가 손님들에게 큰 소리로 외치고는…
토미를 찾기 위해 급히 차에 올라타고 시동을 건다.

바다   **그래, 내 차례야.**

부르릉- 자동차 달려가는 데서,

4화 End.

"저기, 할머니! 혹시… 이렇게 생긴 노랑머리 남자 못 보셨어요?
　　어제 여기 왔던 것 같은데….”

"보셨어요?"

　　"으응. 저기 저어- 가서.”

"저쪽이요? 저쪽은 바닷간데….”

오션 라이크 미

5화

S#1. 기자 사무실 (D)

3일 전. (자막)

기자를 다시 찾아간 민상. 두 사람 대화.

민상   기사가… 아주 날카롭더라구요?

기자   흐흠. 하시고 싶은 말씀이?

민상   (살벌하게 미소) 아마도 제가… 기자님한테 도움을 충분
히 드리질 못했나 싶어서.

기자   도움 충분히 됐죠. 한바다 셰프가 선생님 레스토랑에서
있을 때… 뭐 그… 활약상? 그거 잘 들었습니다.

그랬던 셰프가 지금은 강원도에서 마구잡이 영업을 하고
있다…. 제가 취재한 대로 잘 나갔습니다만?

민상   (더 살벌하게 미소) 그러니까 그 맥락을 이해를 못하셨네
        요. 우리 기자님이.

기자   (불편하게 미소)

민상   (인자하게 미소) 정정해주세요.

기자   에이, 안 되죠 그건.

민상   정정해. 대신 다른 기삿거리 나한테 많으니까, 그거 골라
        서 가져가.

기자   하, 참. 이러시면 요식업계 프린스 체면 위태하지 않아
        요, 이거?

        민상과 기자. 크게 터지기 일보 직전 상태인데.

토미   기자님?! 정수현 기자님?

기자   또 뭐야 당신은.

토미   (비장하게) 정정해주세요.

기자   ??

토미   '수줍은 우동' 기사! 정정해주세요!

기자   돌겠네 진짜.

토미, 기자에게 우르르 다가오는데
기자는 당황하여 어어어, 하고 뒷걸음질.

토미, 마치 품속에서 무기를 꺼내는 포즈로 보온통 스윽 꺼내어 내밀더니,

토미   (빙긋) 우동도 한번 드셔보시구….

S#2.   기자 사무실 - 회의실 (D)

나란히 앉은 토미와 민상. 어색하다.
토미가 가지고 온 우동을 먹어보는 기자.
후루룩 맛있게 먹더니 자기도 모르게 '오~!' 놀란 표정.

토미   가게 오셨는데 우동도 안 드시고 가셨길래…. 맛있죠?

기자   … 맛있네요.

토미   여기까지 가져오느라, 지금 드신 건 가게 맛은 아니거든요.
그래도 맛있죠?

기자   뭐, 네….

토미   막 노동법 어기고, 그런 나쁜 사람이 만든 맛은 아니지 않
아요?

기자   (약간 불편) 되는 걸 안 된다고는 안 합니다, 저.

토미   정정해주세요. 부탁드립니다.

민상   (끄덕끄덕)

기자	글쎄, 안 되니까 안 된다고 하는 거예요.
토미	기자님, 그 포스팅, 다 제가 올린 거예요. 오해예요. 정말로.
민상	내가 정말 보증해요, 한바다. 흠잡을 곳 없는 사람이에요.
기자	두 분 다 이러시면 난감하죠. 팩트를 가지고 쓴 기사를 정정한다는 게 그렇게 쉬운 일이 아니….
토미	(치고 들어가며) 우리 셰프, 제가 본 사람 중에 자기 일에 최고로 진심인 사람이에요. 아침부터 자기 직전까지 우동밖에 모르는 순수한 바보요. 그게 팩트예요, 기자님.
기자	(듣고 있다) 후….
토미	하필 제가 가게를 비웠을 때 오셔서 그날은 정리가 잘 안 된 거구요…. 우리 셰프가 숫기도 없고….
민상	(지지 않으려) 한바다 셰프가 워낙 말주변도 없고 요령도 없고 해서 기자님한테 설명을 잘 못 했을 겁니다. 내가 그것도 잘 알지….

토미와 민상 서로 경쟁하듯, 기자를 어떻게든 설득해보려 하는데

기자	음, 무슨 말인지, 일단 알겠습니다.
토미	그럼 정정해주시는…?
기자	일단, 생각해본다고 한 거예요.
토미	(다시 밝아져서) 기자님, 많이, 많-이 긍정적으로 생각해

주세요!

민상   팩트 체크. 다시 해줘요. 제대로.

기자   (피곤함) 아후, 네. 네.

토미   (배시시) 정말 좋은 사람이에요. 그 사람.

기자, 토미와 민상을 물끄러미 바라보다.

기자   근데 그럼 두 분 다 전·현직으로 한바다 셰프 동료시네요?
           셰프님한테 빚이라도 지셨나? 웰케들 챙기시지.

토미/민상   (서로 눈치 본다.)

기자   (본능적으로 노트북 펴며 각자 말해보라는 식으로 유도
           하는 제스처)

토미, 잠시 생각하더니

토미   기자님 말처럼… (민상 의식하며) 제 동업자니까요.

S#3. 점점 보도 자료

"우동밖에 모르는 순수한 바보. '수줍은 우동' 한바다 셰프"

우동 그릇을 들고 활짝 웃고 있는 바다의 보도 사진으로 화면 zoom in
되면.

S#4. 우동 가게 홀 (D)

(S#3 보도 사진에서 연결되어)
활짝 웃는 표정으로 한창 서빙하는 바다.
다시 손님들로 붐비는 우동 가게 풍경.
토미가 없으니 가게 안 상황은 여전히 바쁘다.

손님4   우동 언제 나와요?!

바다   네~! 네~! 드립니다! 잠시만요~ 잠시만요~.

바다가 홀로 바쁘게 주문을 챙기며 고군분투 중.

S#5. 우동 가게 홀 (D)

장사를 마치고 피곤한 얼굴로 뒷정리를 하고 있는 바다.
가게 문을 열고 바다에게 쭈뼛쭈뼛 다가오는 꼬마 둘.

바다   (꼬마들을 보고 웃으며) 어쩌지? 오늘은 장사 끝났는데.

꼬마1   저기… 삼촌….

꼬마 둘, 서로 눈치 보는데

바다   (꼬마들 눈높이 맞추며) 너희 왜 그래?

꼬마1   죄송합니다아….

꼬마2	죄송합니다아···.
바다	(영문을 모르겠단 눈으로) 응? 뭐가 죄송한 건데?

꼬마1이 바다에게 어렵게 이야기를 꺼낸다.

꼬마1	그게··· 저번에요···.

S#6. 플래시백, 숙박 공간 (D)

(사건 순서: 4화 S#4 - 5화 S#6 - 4화 S#5)

우동 장사를 기다리던 꼬마들. 슬슬 심심한지 서로 장난치며 뛰어다니기 시작하고··· 이를 불안하게 바라보는 토미.

토미	어이, 친구들~ 여기서 이러면 위험할 것 같은데~ 저기 앞에서 놀면 안 될까?

토미의 말에 밖으로 나가는 꼬마들.
그때! 무언가 불안한 기운이 느껴지는 듯한 토미의 표정 보이고.

토미	(바깥의 꼬마들 관찰하다 놀라서) 어··· 어!
꼬마1(V.O)	제가 친구를 밀어가지고요···.

쾅!

토미, 급하게 꼬마들 데리고 들어오며

토미   다친 데 없어? 괜찮아?

꼬마1이 갑작스러운 상황에 당황하여 그대로 줄행랑친다.
꼬마2, 친구가 뛰어가자 으앙- 울면서 같이 뛰어가 버리는데
잠시 후, 나타난 바다.

바다   어떻게 된 거예요?

토미   아… 저기….

바다   이것 좀 잘 보고 있어 달라고 한 게! 그렇게 어려워요!

바다의 얼굴이 일그러진다.

S#7. 우동 가게 홀 (D)

꼬마들이 미안한 표정으로 사과를 하고 있다.

꼬마1   (울먹거리며) 잘못했어요….

꼬마2   (으앙- 눈 가려버린다. 손바닥에 붙인 거즈와 테이핑 보
        이고)

꼬마들을 톡톡 다독여주는 바다.

바다   내가 바보였네….

S#8. 우동 가게 밖 (D)

(4화 S#13 확장)
가게 앞으로 길에 늘어선 대기 줄.

손님3   어, 어. 한다, 한다.

바다가 'open'이란 팻말을 건다.
가게 안으로 한 번에 우르르 들어가려는 사람들 사이에 조그만 실랑이가
인다.

손님2   아아, 줄 서요, 줄! 지고는 못 사나?

그때, 바다에게 스치는 기억 속 대화.

소영   (회상) 둘 중 하나가 져주면 되는 거 아니겠어?
          우동 선생님이 짝꿍을 찾으러 가든가!

바다, 뭔가 깨달은 듯!
'open' 팻말을 떼고 '오늘 장사 끝' 팻말을 단다.
이를 보고 당황하는 손님들.

손님3   어! 오늘 장사 안 해요?!

바다   네! (큰 소리로) 죄송합니다!
          오늘 제가 중요한 일이 생겨서!
          오늘 장사는 쉽니다!

바다가 손님들에게 큰 소리로 외치고는…

토미를 찾기 위해 급히 차에 몰라탄다.

S#9. 풍경 (D)

함박눈이 내리는 풍경들.

S#10. 한적한 시골 마을 (D)

시골 마을 앞에 다다른 바다.
자신의 핸드폰으로 토미의 SNS를 살펴보는데,
토미의 SNS 사진 속 마을 입구의 표지판이 보인다.

마을 골목을 걸어 들어가던 바다.
골목 한쪽에 앉아 있는 할머니에게 토미의 사진을 보여준다.

바다	저기, 할머니!
할머니	어엉…?
바다	혹시… 이렇게 생긴 노랑머리 남자 못 보셨어요? 어제 여기 왔던 것 같은데….
할머니	(가만히 보고는) 노랑이 총각….
바다	보셨어요?
할머니	으응. 저기 저어- 가서.

바다   가서, 가서요?

할머니   절루 꼽쳐.

바다, 애매한 할머니 손가락 표시를 보고는

바다   (막막함) 저쪽이요? 저쪽은 바닷간데….

              (alter) (저쪽이요? 저쪽은 우리 가게 쪽인데….)

할머니에게 꾸벅 인사하고, 일단 걸어서 길을 나서는 바다.

S#11.   바닷가 (D)

아무도 없는 바닷가를 뒤지고 있는 바다.

바다   토미! 토미 님! 토미 님!!!

하지만… 바다의 외침에 돌아오는 건 매서운 바람 소리뿐.
한참 헤매다 풀썩 주저앉는 바다.

바다   미안해… 내가 진짜 미안해….

자포자기하는 심정의 바다.
그때, 방파제 한쪽에 놓인 작은 의자 위 익숙한 노트가 시선에 들어온다.

가까이 다가가니 토미의 악보 노트 보이고.

바다   이거….

바다, 허무한 표정으로 노트를 들고는 (S#12로 이어짐.)

S#12. 바닷가 (D)

(S#11에 이어서)

바다   (지친 듯) 내가… 잘못했다고….
             그러니까 이제 숨바꼭질 그만하고 내 앞에 좀 나타나라
             고!!!

바다가 울컥하며 소리친다.

토미(off)   **바다야.**

토미의 목소리가 들려오자 고개를 휙 돌리는 바다.
바다의 눈앞에 토미가 서 있다.

바다   (막무가내) 어디 있다가 이제 와. 전화는 왜 안 받아!

토미   ……

바다   도대체 그동안 어디 있던 거냐고!

토미   ……

토미가 조용히 바다 한 손에 들린 악보를 집어 드는데,

그런 토미를 와락 안아버리는 바다.
급작스러운 바다의 행동에 놀라는 토미.

바다   미안해. 내가 정말 미안해.

토미   …….

바다   (더 꼭 안으며) 너무 늦어서 미안해.

토미, 말없이 바다에게 안긴 채로 잠시 있더니 스르르 그를 밀어낸다.

토미   나 감기 걸린 거 같아서….

바다   이제 상관없어.

바다, 한순간에 토미의 입술을 훔치고
토미, 그런 바다를 받아들인다.
두 사람이 키스를 하며 서로에 대한 감정을 확인하는 데서,

5화 End.

"진짜 대회에 나가려고?"

　　"응. 그래야 할 것 같애. 이유가 생겼어. 우승해야 돼."

"으응⋯."

　　"대회에서 상금 타면 우리 더 좋은 곳에서 지낼 수 있어."

"정말⋯ 그거 때문이야?"

오션 라이크 미

6화

S#1.   바닷가 (D)

바다   (지친 듯) 내가⋯ 잘못했다고⋯.
         그러니까 이제 내 앞에 좀 나타나라고!!!

토미(off) 바다야.

         토미의 목소리가 들려오자 고개를 휙 돌리는 바다.
         바다의 눈앞에 토미가 서 있다.

바다   (막무가내) 어디 있다가 이제 와. 전화는 왜 안 받아!

토미   ⋯⋯.

바다   도대체 그동안 어디 있던 거냐고!

토미   …….

토미가 조용히 바다 한 손에 들린 악보를 집어 드는데,
그런 토미를 와락 안아버리는 바다.
급작스러운 바다의 행동에 놀라는 토미.

바다   미안해. 내가 정말 미안해.

토미   …….

바다   (더 꼭 안으며) 너무 늦어서 미안해.

토미, 말없이 바다에게 안겨 있다.

S#2. 숙박 공간 (D)

침대 맡 테이블에 놓인 악보 노트 보이고,
아침이 되어 먼저 눈을 뜨는 토미.
옆을 돌아보니 토미에게 밤새 팔베개를 해준 바다가 보인다.

토미, 조심히 일어나 잠든 바다의 얼굴을 가만히 바라보는데
바다도 기척을 느꼈는지 스르르 눈을 뜬다.

토미   미안. 나 때문에 깼구나.

바다   (가늘게 미소)

토미   잘 잤어요?

바다   (끄덕끄덕)

토미	더 자요.
바다	(도리도리)

토미, 계속 입을 안 벌리는 바다가 뭔가 이상하여,

토미	(바다의 팔을 툭 친다.)
바다	아아!!!
토미	왜 그래???
바다	팔이… 저려서….

하하하 웃는 토미와 절반 찡그린 채로 같이 웃는 바다.

S#3. 우동 가게 밖 (D)

토미가 'open' 팻말이 걸린 가게 문을 활짝 연다.

토미	자~! 영업 시작하겠습니다.

S#4. 우동 가게 홀 (N)

열심히 우동을 만드는 바다.
바다가 만든 우동을 손님들에게 나르는 토미.
바다가 혼자 장사할 때와 달리 순조롭게 진행되는 우동 가게 풍경.

정신없는 중에도 토미와 바다의 시선이 스치는 순간들.

S#5. 우동 가게 부엌 (N)

새로 끓인 씨간장을 항아리에 옮겨 붓는 바다.
다가온 토미를 보고 반갑게 웃는다.

바다　　빨래 다 됐어?

토미　　응! (살펴보고는) 이거 뭐야?

바다　　씨간장 시즌 투.

토미　　시즌 투?

바다　　내가 만든 새 씨간장인데, 아버지한테 물려받은 건 아쉽
　　　　지만, 생각해보면 그건 내 게 아닌 거지… 싶어서.

바다, 작은 종지에 씨간장을 조금 덜어주며

바다　　이제, 이게 진짜 우리 씨간장!

토미, 잔뜩 긴장해 맛을 보고는

토미　　윽, 엄청 짜아.

바다가 토미를 보고 웃는다.
토미도 바다를 보고 웃는다.

S#6. 숙박 공간 (D)

※의상: 이 신의 의상 계획 유지(숙박 공간용 의상 X)

외출 준비 중인 듯, 외투 등 옷을 챙겨 입는 중인 토미와 바다.

토미	(바다 옷매무새 만져주며) 진짜 대회에 나가려고?
바다	응. 그래야 할 것 같애.
토미	갑자기 왜?
바다	이유가 생겼어. 우승해야 돼.
토미	으응….
바다	민상이랑 나랑 다시 보는 것 때문에, 별로구나.
토미	(손사래) 아냐, 아니야. 가야지, 일인데….

바다, 토미에게 쪽, 입을 맞춘다.

바다	이게 내 대답이야. 걱정 안 해도 돼.

바다의 갑작스러운 행동에 씨익 웃는 토미.

바다	대회에서 상금 타면 우리 더 좋은 곳에서 지낼 수 있어.
토미	정말… 그거 때문이야?

바다, 웃어 보이더니 토미 안아주려 하는데 토미가 다급하게 밀쳐내며

토미	이제 이럴 시간 없잖아! 우리 대회 준비하러 가자!
바다	(급한 태세 전환에 당황) 갑자기?
토미	여기 내가 다 알아. 나 여기서 태어났거든~.
바다	으응? 강원도 사람이야?
토미	(크게 *끄덕끄덕*) 응!
바다	와하하. 여태 그것도 몰랐네.
토미	이제 알았으면 됐지! 얼른 가자!

토미를 보고 밝게 웃는 바다.

S#7. 재래시장 (D/N)

팔짱을 끼고 시장을 걸어가는 바다와 토미.
(시장 여기저기를 둘러보는 바다 & 토미 이미지들과 둘의 대화 음성이 한데 섞여 흘러가며)

토미	메뉴는 정했어? 장 보는 건 내가 알려줄게.
바다	음… 우리는, 여기서 나는 재료들만으로 우동 정식을 만드는 거야. 철원 쌀로 밥도 짓고, 양양에서 난 해산물로 육수 내고, 고랭지 배추로 김치 담그고, 속초 오징어도 사서…. (fade out.)

해산물 가게에 이른 두 사람.

토미   사장님, 이거 키로당 가격이 어떻게 돼요?

사뭇 진지한 태도로 장 보는 토미와 이를 흐뭇하게 보는 바다.

S#8. 가판 (D/N – S#7 이후 시간대)

푸짐한 칼국수 그릇 보이고,
면부터 후루룩 시작하는 토미와 다르게 국물부터 먹어보는 바다.

바다   와~ 맛있다.

토미   거 봐. 맛있지?

바다   (웃음) 응응.

토미   오늘처럼 토미 님 말을 잘~ 들으면….

바다   (끼어들며) 토미 님 말을 잘 들으면 자다가도 칼국수가
         나온다고?

토미   맞아요. 잘 아네!

토미, 바다 엉덩이 톡톡톡, 두드려주는데

바다   아잇, 그만해애.

나란히 앉아 재잘재잘 서로 즐거운 한때를 보내고 있는 두 사람 모습.

S#9. 우동 가게 부엌 (N)

다른 날.
밤이 되도록 열심히 요리 연습 하고 있는 바다.
국물 맛보고 갸우뚱하더니 열심히 메모 중.
그런 바다의 옆에서 홀짝홀짝 팩소주를 마시고 있는 토미.

토미   바다아~.

바다   (안 본다.) 으응?

토미   바다 씨!

바다   (여전히 안 본다.) 으응.

토미   … 자기야?

바다   (아직도 안 본다.) 응. 말해요.

토미   (투정) 아니, 아무리 연습도 좋지만 3일째 나 먼저 잤던 거 알아?

바다   (잠깐 시선 주며) 취했어? 얼른 가서 자.

다시 국물 맛보는 바다.

토미   알았다! 알았어! 정 없어.

토미, 들어가려다가 바다 옆으로 총총 다가가 볼에 뽀뽀한다.

| 토미 | (바다의 귀에) 지금 침대 오면 내가 더 좋은 거 해줄 수도 있다. |

토미가 슬쩍 흘리고 후다닥 달려간다.
하지만 바다는 메모에만 열중.

| 토미 | (뒤돌아보며) 아, 진짜! |

바다, 잠시 행동을 멈추고 토미를 보는데

| 토미 | 우동이야! 나야! |

바다가 선뜻 대답하지 못하자 배신감 느낀 표정의 토미. 쿵쿵, 걸어간다.

S#10. 숙박 공간 (N)

이어서, 이불 속에 들어가는 토미.

| 토미 | (구시렁 구시렁대는 입 모양과 작은 소리들) |

토미가 토라지며 휙 돌아누워 있는데…
저벅저벅, 바다가 걸어오는 듯한 소리 들리고.
토미, 조금 긴장하여 눈동자 또르르 굴리는데,
와르르- 밀려들어 오는 듯한 바다의 실루엣.

| 토미 | !!! |

S#11. 우동 가게 홀 (N)

드디어 우동 정식 메뉴를 완성한 바다.
바다가 완성한 메뉴를 토미의 앞에 놓아준다.

토미   와… 이걸로 정한 거야?

바다, 끄덕끄덕한다.
바다, 복잡한 그릇 구성들 하나씩 가리키며 먹는 방법 설명하는데

바다   자, 먼저 면부터 / 해물 육수에 충분히 적셔서 먹어보고 /
         남은 국물은… / 같이 나오는 밥에 붓고 /
         여기 오징어랑도 / 올려서 먹어봐요.

         cut to.
         토미, 바다가 가르쳐준 대로 뚝딱 다 먹고 수저 내려놓으면,

바다   (기대, 궁금한 표정)

토미   얘네들이 다 자기주장이 강한데….

바다   ??

토미   이상하게 또 팀이 되네.

바다   좋은 거야?

토미   응! 맛있어!

밝게 웃음 짓는 바다.

S#12. 바닷가 (D)

모래사장의 겨울 바다 구경꾼들에게 홍보를 하고 있는 토미.

토미   겨울 낭만 님들~.
오늘 '수줍은 우동'집에서 신메뉴 시식 행사가 있습니다~!
1시간 후에 꼭 와주세요~.

한창 홍보를 하고 있던 토미의 귀에 들려오는 음악 소리.
본능적으로 고개를 돌려보면…
어느 뮤지션이 바닷가에 앉아 즉흥 버스킹을 하고 있다.
홀린 듯 버스킹하는 곳으로 가는 토미.
토미는 음악을 들으며 버스킹하는 뮤지션을 바라본다.

어느새… 버스킹하는 자신의 모습이 보인다.
노래를 부르는 토미의 모습.
그렇게 과거의 자신과 마주하는 토미. (토미의 환상)

바다   (불쑥) 여기서 뭐 해?!

바다의 말에 토미의 환상이 깨진다.

토미   어어… 노래가 좋아서. 아, 우리 얼른 준비해야 되지?

토미와 바다가 가게로 돌아간다.
토미는 아쉬운 듯 슬쩍 고개를 돌려 뮤지션을 본다.

S#13. 로비 (D/N)

긴장한 바다의 모습.
그런 바다를 바라보다가 손을 잡아주는 토미.

토미   (밝게) 열심히 준비했잖아, 잘할 거야!

바다   응. 다녀올게.

바다와 토미, 입을 쪽 맞추고.
바다가 호텔 안쪽으로 걸어간다.

cut to.
로비 의자에 앉아 잠시 바다를 기다리는 토미.
토미가 뭔가를 흥얼거리기 시작한다. 그리고 뭔가 떠오른 듯…
품에서 악보 노트를 꺼내 든다.

'Ocean Like Me'

제목을 적고 미소 짓는 토미.
토미의 허밍이 점점 크게 들려오는 건반 선율로 이어지는 데서,

6화 End.

"나… 음악이 하고 싶어졌어. 다시."

　　"어떤 일이 벌어져도… 나는 너 응원해."

"알아."

　　"언제든… 옆에 있어 줄게."

오션 라이크 미

7화

S#1.   우동 가게 밖 (D)

'2022 강원푸드콘테스트(GangWon Food Contest)'
제목의 한바다 셰프 보도 자료를 인쇄한 패널이 가게 앞에 세워진다.
이를 뿌듯하게 바라보는 바다와 토미.

토미   (신이 나서 바다의 기사를 읽으며) 지난 17일 양양에
         서 벌어진 2022 강원푸드콘테스트(GangWon Food
         Contest)에서 한바다 셰프가 우동 한 상 차림으로 우승을
         하였다. 한바다 셰프는 우승까지 가기 위해 수많은 경쟁
         자와 난관을 뚫고서⋯ 수많은 난관?
         아니! 도대체 무슨 일이 벌어졌던 거야?

바다   (멋쩍게 웃으며) 아⋯ 그걸 직접 봤어야 하는 건데.

토미   ?

바다   (약 올리듯) 모르고 사는 게 편할 수도 있지.
         이제 일하러 가자!

토미   으응??

         어쩔 수 없이 바다를 따라 가게로 들어가는 토미.

S#2. 바닷가 (D)

         ins. 바다.
         시원하게 파도치는 바다! 구경하러 온 사람들의 모습.

S#3. 우동 가게 홀 (D)

         문전성시를 이루고 있는 우동 가게 안.
         정신없이 신메뉴를 만드는 바다와 서빙하는 토미.

         너무 바쁘지만 행복해 보이는 두 사람의 모습.

S#4. 우동 가게 홀 (D)

'closed' 팻말을 가게 앞에 거는 토미.
점심 장사를 마치고 녹초가 되어 뻗어버린 바다와 토미.

바다   힘들어…. 몸이 안 움직여….

토미   죽을 거 같아….

바다   (몸 다시 일으키며) 저녁 장사 준비해야지….

토미   좀 쉬어! 상금 받더니 돈독만 더 올랐어!

바다   그게 아니라, 우리 음식 찾아주신 손님들한텐 보답해야지.

토미   어우~ 아니, 그런 멘트를 어떻게 그렇게 아무렇지 않게
        치지? 나한테도 좀 그러든가!

바다   (웃더니) 그래, 그럼 오늘은 저녁 장사 쉬고….

토미   쉬어? 우리 쉬어?

바다   나가자. 나 너한테 보여줄 거 있어.

토미   아! 좀 그만 좀 쉬자아~.

바다의 재촉에 토미가 울상이 되어 따라 나간다.

S#5. 새로운 가게 (레스토랑) (D)

새로이 계약한 레스토랑에 토미를 데리고 온 바다.
넓은 홀, 넓은 주방까지….

이를 보고 입이 딱 벌어지는 토미.
바다가 토미의 뒤로 다가와서 다정하게 안아준다.

토미   이… 이게 우리 거야?

바다   (토미의 손을 꼭 잡으며) 이제 춥고 좁은 곳에서 고생 안 해
        도 돼. 여기서 우리 프렌치 레스토랑 제대로 시작해보자.
        어때, 좋지?

토미   응…. 좋다….

바다   (둘러보며) 저쪽에 커튼 달고, 큰 침대도 넣고, 음….

토미   근데 난 지금 침대가 더 좋은데! 꼭 붙어 있기도 좋고!

        토미의 말에 웃는 바다.

S#6. 숙박 공간 (D)

※의상: 구비된 숙박 공간용 의상으로 대체.

백허그하고 있는 바다와 토미.
토미는 무언가 생각하고 있는 듯한 표정.

바다	(토미를 슬쩍 보고는) 무슨 생각 해?
토미	사실은… 나도 보여주고 싶은 거 있거든.
바다	뭔데?
토미	나 좀 어디 데려다줄래?

의아한 바다의 얼굴.

S#7. 한적한 시골 마을 (D)

시골 마을 입구에 다다른 바다의 차. 바다와 토미가 내리는데,
이전에 바다가 토미를 찾으러 왔던 그곳이다.

| 바다 | … (익숙한 풍경에 두리번) 여기야? |
| 토미 | 음~ 좀만 걸어가면! |

토미가 먼저 척척 걸어간다.
입구에 예전 할머니 그대로 앉아 있다가, 지나가는 바다와 토미 보고는

할머니	노랑이 총각!
바다	노랑이? 아! 예! 맞아요. 노랑이 총각이요!
할머니	어엉. 노랑이 총각 찾았잖어.
바다	할머니 기억하시네요! (토미 가리키며) 그 총각….

할머니	그 총각 말이여, 저기 저어- 가서.
바다	(의아함) … 가서요…?
할머니	절루 꼽쳐서 갔어어.
바다	네에??
토미	(무슨 상황인지 이해 불가한 표정)

바다, 잠시 갸우뚱했지만 이내 할머니를 보고 따뜻하게 미소 짓는다.

S#8. 바닷가 (D)

※소품: 2인용 의자와 담요 추가

앞서는 토미를 따라서 바닷가에 다다른 바다.

바다	(둘러보며) 으응? 여기였어?
토미	응! 아는 데지?
바다	(의외의 상황에 혼자 웃더니) 근데 뭐 보여주려는 건데?
토미	아, 여기… 내가 제일 아끼는 게 있었어.

cut to.
방파제에 놓인 의자에 나란히 앉은 토미와 바다.

토미   여기에 버려진 피아노 하나가 있었는데,

            나만 아는 보물 같은 거였어.

            덕분에 내가 음악을 시작하게 됐거든.

            토미, 머릿속에 선율이 울리는 듯 잠시 눈을 감고 감상하는 듯한 표정.
            그러다 자신이 만든 곡 <오션 라이크 미>를 부르기 시작한다.
            옆에 앉아 조용히 토미를 지켜보는 바다.

            ※토미의 라이브 가창+MR – AR로 발전.
            내레이션, 이미지가 함께 흐른다.

토미(NA)   그때부터였을 거야. 나 진짜 열심히, 음악만 했어.

            내 꿈이 이뤄질 거라고 확신한 때도 있었고.

            노트에 악보를 그리며 작곡을 하고 있는 토미. 자신이 작곡한 곡을 작은 건
            반에 두드리며 연주해본다. 맘에 들지 않는 듯 다시 악보를 고치는 모습.

토미(NA)   하지만… 누구나 꿈을 다 이룰 수 있는 건 아니잖아.

            노트에 음표를 그리다 아니다 싶어 다음 장을 넘기는 토미.
            또 다른 음표를 써 내려가다 포기한다.
            우두커니 자신의 악보를 바라보는 토미.
            뭔가 결심이 선 듯 자리에서 일어난다.
            작곡된 페이지를 찢어서 쓰레기통에 버리는 토미.

토미(NA)   꿈을 이루긴 어려워도, 포기하는 건… 쉽더라.

            바다의 차에 치여서 쓰러져버린 토미.
            바다가 준 매운 우동을 먹고 펑펑 우는 토미.

지난 단상들이 스쳐 가고,

S#9. 바닷가 (D)

(S#8에 이어서)
노래를 막 마친 토미.
토미의 노래가 끝나자 조심히 박수를 치는 바다.

토미   그렇게 내 꿈을 완전히 포기했을 즈음에 꿈을 위해 매일
       밤을 새는 너를 만나서…
       나도 꿈을 꾸게 되었어.

바다   …….

토미   나… 음악이 하고 싶어졌어. 다시.

       토미의 고백에 바다가 토미를 꼬옥 안아준다.

바다   어떤 일이 벌어져도…
       나는 너 응원해.

토미   (울 듯) 알아.

바다   언제든… 옆에 있어 줄게.

       바다의 진심 어린 위로에 토미는 하염없이 눈물을 흘린다.
       바다는 그런 토미를 토닥이며 위로해준다.

S#10.   숙박 공간 (D)

이른 아침이 되어 눈을 뜬 바다. 기분 좋게 깨어나 옆을 보는데…
곤히 자고 있어야 할 토미가 자리에 없다.
비어 있는 토미의 자리를 보고 뭔가 깨달은 바다.
불안한 표정으로 자리에서 벌떡 일어난다.

S#11.   숙박 공간 (D)

(S#10에 이어서)
두리번거리며 다급히 토미를 찾는 바다.
하지만 어디에도 토미는 없다.

아무도 없는 공간에 홀로 멍하니 서 있는 바다.
가려진 커튼을 가만히 열어보는데,
멀리서 철썩이는 파도와 바람 소리만… 바다의 귀에 들려온다.

그렇게 홀연히 떠난 토미를 생각한다.
바다의 슬픈 표정에서,

7화 End.

"이렇게 추위 타면서 왜 여기까지 왔어…."

"바다 보고 싶어서."

"어휴, 우리 토미 그동안 나 많이 보고 싶었구나?"

"아니, 진짜 바다 보고 싶어서라니까?"

"그래서, 바다야? 나야?"

오션라이크미

8화

8

S#1. 숙박 공간 (D)

(7화 S#11과 동일)
두리번거리며 다급히 토미를 찾는 바다.
하지만 어디에도 토미는 없다.

아무도 없는 공간에 홀로 멍하니 서 있는 바다.
가려진 커튼을 가만히 열어보는데,
멀리서 철썩이는 파도와 바람 소리만… 바다의 귀에 들려온다.

그렇게 홀연히 떠난 토미를 생각한다. 바다의 슬픈 표정.

S#2. 우동 가게 홀 (N)

홀로 장사를 준비하려는 바다. 채소들을 꺼내며

바다   괜찮아. 괜찮아. 혼자일 줄도 알아야지….
할 수 있어! 혼자서 다 할 수 있는 거잖아!
(허공으로 고개 들며) 그치, 토미?

바다의 습관적인 물음. 하지만… 토미의 대답은 없다.
자신의 행동에 민망해 피식 웃으며…
씁쓸한 표정으로 재료를 준비하기 시작하는 바다.

S#3. 우동 가게 부엌 (N)

다시 처음처럼, 오픈 준비를 시작하는 바다.

(1화 S#8과 동일한 액션들)
– 미리 준비해 온 반죽을 면 너비로 썰고
– 다 삶아진 면을 채반에 받쳐 씻어내고
– 통통통 파를 가늘게 썰고
– 면과 고명이 담긴 그릇에 육수를 가만히 붓는다.

완성된 한 그릇 우동을 보고 슬쩍 웃는 바다.
늘 하듯이 국물 먼저 먹으려다가, 이번엔 면부터 들어서 한 입 먹어보고는,

바다   음, 5점 만점.

바다는 씁쓸한 미소를 띤다.

S#4. 우동 가게 홀 (N)

여전히 많은 손님.
가게 안에 안 보이던 안내판이 달려 있다.

'서빙부터 계산까지 모두 셀프'

손님 한 명이 주문표를 주방 쪽에 가져다 놓는다.

바다   (재빨리 손님이 놓아둔 주문표 집어 가고)
       (우동을 내어주며) 89번 손님, 우동 나왔습니다!

이전과 달리 능숙한 모습으로 홀로 장사를 하고 있는 바다.
그런 바다의 모습을 가게 밖에서 바라보고 있는 누군가. 그는 바로 민상.
민상이 가게 안으로 들어온다.

민상   무슨 일이 있었던 거야? 왜 이렇게 말을 잘해?

바다   왔어! 어, 왔으면! 이거 배달 좀 해! 바로 옆에 건물 2층!!!

바다가 민상에게 우동 그릇을 내밀자…
얼떨결에 이를 받아 들고 밖으로 나가는 민상.

민상   나도 먹으러 온 건데, 일단 갔다 올게!

바다   뭔데, 먹을 거!

민상   알아서 줘!

S#5. 우동 가게 홀 (N)

민상과 바다가 매운 볶음우동 한 그릇을 앞에 두고 마주 앉아 있다.
민상, 바다를 답답한 듯 바라보며 열심히 썰을 풀고 있다.

민상   그러니까~ 대상 탄 메뉴도 있잖아. 제대로 펼쳐보자. 응?
여기뿐만 아니라 속초, 고성, 포항, 부산, 제주도 전부 다,
이 컨셉으로 '수줍은 우동'집을 바닷가마다 여는 거지.
야아, 내 생각도 좀 해주라, 바다야. 응?

그러거나 말거나 바다는 초지일관 시큰둥한 표정이다.

민상   너? 내 말 듣고 있어?

바다   듣고는 있지.

민상   (참다가) 5성급 호텔 수셰프를 시켜준다고 해도 싫다고
하고!
그럼 프랜차이즈 계약을 시켜준다고 해도 싫다고 하고!

바다   …….

민상   왜 그러는 건데? 내가 너랑 사귈 때 그거 좀 괴롭힌 거 때
문에 지금 나한테 복수하는 거야?

바다   … 그거 조금 아니야. 많이 괴로웠어.

민상   그래….

민상, 바다의 손을 잡으며

민상	내가 미안하다. 그때는 너무 미안했어.
바다	…….
민상	너 상금 받아서 계약한 레스토랑도 위약금 물고 취소했다며. 니 재능이 진짜 아까워서 그래. 다른 건 몰라도 우리가 일할 땐 최고의 파트너인 거 알잖아. 내가 앞으로 더 너한테 잘할게. 응?

바다의 시큰둥한 표정. 잡힌 손을 빼며,

바다	싫어. 안 해.
민상	도대체 왜?!
바다	(억지) 겨울 바다 너무 추워! 나 이제 이런 데서 추워서 못 자겠어.
민상	그래. 그럼 너 호텔에서 자게 해줄게, 계속. 그럼 돼?
바다	호텔은 싫어.
민상	아니! 그럼 뭐 어쩌자는 거야.
바다	나 쫌만 쉬자. 그동안 이 좁은 구멍가게에서 음식 하느라 너무 지쳤어.
민상	너… 그 동업자 때문에 그러는 거지?

민상의 말에 대답하지 못하는 바다.

민상	야, 우리 나이가 몇인데… 아직도 실연의 상처 가지고 휘청여?
바다	지는… 나랑 헤어지고 1년을 술로 살았다며.
민상	누가 그래!
바다	소문 다 났어.
민상	하으….
바다	(허심탄회하게) 그래. 지금은 그 사람 때문에 나 좀 쉬고 싶어. 겨울 지나고 봄이 오면… 그때 다시 이야기하자.

바다의 말에 민상이 피식 웃는다.

| 민상 | 하여간… 고집은 드럽게 쎄요. |

민상, 한결 안도한 표정으로 앞에 놓인 우동을 먹어보는데.

| 민상 | 아, 매워, 매워. (물 벌컥벌컥)
이거 시켜 먹는 사람 있었어? |

바다가 허공을 바라보며 슬쩍 웃는다.

S#6. 우동 가게 홀 (N)

민상이 남기고 간 매운 볶음우동을 먹어보는 바다.
맵다. 그러자 토미 생각이 난다.

바다   어휴, 매워….

팩소주까지 꺼내 먹는다.

바다   어휴… 너무 맵다…. 진짜 너무 매워….

바다가 팩소주를 쥐고 눈물을 뚝뚝 흘린다.

바다   보고 싶다고…. 나 너무 보고 싶다고….
        진짜 너무 보고 싶다고….

눈물을 펑펑 흘리는 바다.

S#7. 우동 가게 홀 (N)

마지막 장사 날을 맞이한 바다.
소영이 박카스 한 박스를 들고 바다에게 다가온다.

바다   오셨어요?

소영   (아쉬운 듯 박카스 건네며) 이거.

바다	뭘 이런 걸 사 왔어요.
소영	아니…. 잘 가라고.
바다	마지막이니까. 공짜로 한 그릇 드시고 가세요.
소영	이 집 우동 없이 남은 겨울은 어떻게 지내나….
	내년 겨울에 또 와요?
	꼭 다시 와! 내가 여기 아무한테도 세 안 주고 비워놓게!
바다	어차피 이 자리 나 아니면 안 나가잖아요.
	이제 나 그렇게 호락호락하지 않아.
소영	어머머, 사람이 그렇게 쉽게 변하면 안 되는데에.
바다	(씨익 웃으며) 상가번영회 회장님 대리인 고소영 씨!
	그동안 감사했어요!

바다의 작별 인사에 아쉬운 표정의 소영.

S#8.　숙박 공간 (N)

※의상: 이 신의 기존 의상 계획 유지(숙박 공간용 의상 X)

물건들을 하나하나 정리하기 시작하는 바다.
트렁크 박스들에 물건을 넣고, 이불도 접으려다가 침대에 앉아 토미와 같
이 잠들었던 때들을 떠올리는 듯하더니 얕게 미소 짓는다.

S#9. 우동 가게 홀 (N)

※의상: 이 신의 기존 의상 계획 유지(숙박 공간용 의상 X)

거의 정리된 홀을 쭉 둘러보는 바다.
한쪽에 놓인 라디오 볼륨을 키우는데, 들려오는 소리.

라디오   (소리) 이번에 들려드릴 노래는 새로 나온 곡이네요.
         요즘 저도 꽂혀서 매일 듣고 있는 곡인데요….
         신인 가수 토미의 〈오션 라이크 미〉.

들려오는 음악을 들어보는 바다.
익숙한 멜로디에 씨익 웃더니 따라서 흥얼거린다.
스위치 탁! 소리와 함께 꺼지는 가게의 불빛.

fade out.

1년 후…. (자막)

S#10. 우동 가게 홀 (D/N)

(1화 S#2와 동일)
익숙한 우동 가게 내부 풍경.
바다가 누군가와 통화 중이다.

바다   네. 저 도착했어요!

여자(소영)(F) 그래? 근데 나는 왜 안 보이지이?

바다   저 가게 들어와 있거든요!

여자(소영)(F) 벌써어? 난 또~ 그새 어딘지 까먹은 거 아닌가 했네.

바다   그럴 리가요. (웃음)

바다, 벌어진 커튼 틈새로 멀리 다가오는 이가 보이는 듯.

바다   (밖을 향해) 여기!!

소영   (가게로 들어오며) 꺄르릉, 왔네!!! 진짜로 왔어!!!!

바다, 활짝 웃어 보인다.

S#11. 우동 가게 안 (D)

작년 그때처럼, 장사를 막 마친 듯 가게 정리 중인 바다.

가게 안에서는 토미의 <오션 라이크 미>가 잔잔하게 흘러나오고 있다.
바다는 노래를 따라 흥얼거리는 중.

이때… 짤랑~ 누군가 안으로 들어오고…

바다   (노래를 흥얼거리다가 인기척을 느끼고)
         죄송합니다~. 오늘은 일찍 끝나서요,
         내일 다시 오시면….

바다가 몸을 일으켜 들어온 손님을 바라보는데…
바다의 눈앞에는 악보집을 들고 나타난 토미가 서 있다.

토미	매운 우동? 흡, 돼요? 흐흡.

토미를 보고 눈물을 글썽이는 바다.

토미	아니… 주문받다 말고 왜 울어!
바다	어떻게….
토미	우리 동업자잖아. 같이해야지.
바다	(끄덕끄덕)
토미	나 안 보고 싶었어?
바다	(눈물 삼키며 숨 몰아쉰다.)

S#12. 바닷가 (D)

※소품: 2인용 의자와 담요 추가

바다를 바라보며 방파제에 놓인 의자에 나란히 앉은 바다와 토미.

바다	나 그 노래 매일 들었어.
토미	나돈데.
바다	(장난에 웃는다.)
토미	여긴 언제….
바다	얼마 전에 다시 왔어. 이제부터 쭉 있으려구.

토미   흐으, 이렇게 추운데?

몸을 움츠리는 토미, 바다가 큰 담요를 덮어주며

바다   이렇게 추위 타면서 왜 여기까지 왔어….

토미   바다 보고 싶어서.

바다   어휴, 우리 토미 그동안 나 많이 보고 싶었구나?

토미   아니, 진짜 바다 보고 싶어서라니까?

바다   으음?

토미   (모른 척하는 표정)

바다, 모른 척하는 토미가 사랑스러운 듯 웃으며

바다   그래서, 바다야? 나야?

토미, 빙긋 웃더니 말없이 짧게 쪽- 입을 맞추는데, 마주 보는 두 사람.
해 지는 노을 녘 바닷가에서,
두 사람은 아름다운 키스를 나눈다.

토미(NA)   그때의 날 좋아해준 바다는.

바다(NA)   지금의 널 사랑하는 바다는.

토미(NA)   너뿐이야.

바다(NA)   나뿐이야.

The End.

"너를 만나서 나도 꿈을 꾸게 되었어.

나는 너 응원해.

언제든 옆에 있어줄게."

바다가 토미에게,

토미가 바다에게…

그들의 사랑에

이유가

있을까요?

오션라이크미

#장면들

1화 S#5

소영	설마 요식 장사하게요? 여기서?
바다	네… 그걸 어떻게…?
소영	나처럼 그그큰을 바닷가에서 살떡, 눈치가 엄청 빠르지.
바다	과목래 씨…
소영	그분은 우리 아빠구. 나는 회장보 대신에 여기 상가를 다~ 관리하는 대리인이에요.

1화 S#10   소영   허! 주… 죽은거 애야?!!!

          바다   어… 어떻게 해요?!

          소영   이거 이거! 인공호흡!

1화 S#10

소영	야! 난 아직 키스도 못 해봤단 말이야!
바다	저는 해봤는데요!
소영	아, 그럼 비슷하잖아! 해본 사람이 좀 해! 얼른!
바다	······
소영	어머, 삘졌나 봐! 삘졌나 봐!

1화 S#13

바다   당신!

소영   에머, 저 친구 멀쩡하네~.

바다   아까는 어떻게 된 거예요?

토미   나 기다렸어요?

2화 S#2

소영	우동 선생님~ 잘 먹고 갑니다~.
토미	셰프님.
소영	아예. 우동 셰프님~ 잘 먹고 갑니다~ 내일도 화이팅!
바다	네네. 화이팅~.

2화 S#4

바다   거 봐… 이거 어켜 매죠?

토미   ……,

바다   더기… 괘… 괘차나요?

토미   어휴 맵긴 맵다. 휴지 말고 술 없어요?

바다   술?

2화 S#9

소영	오늘 얼마나 팔았는데?
바다	하나도 못 팔았습니다.
소영	그러면 국물하고 떡 남은 거라도 싸줘요. 현금 대신 가지고 가게.
토미	잠깐! 내가 해볼게!
소영	뭐야? 뭘 해봐? 이거 내 우동이야!
토미	내가 한번 해볼 테니까, 이따가 정산 다시 해.

3화 S#2

토미	여기 88만 원에 올려놨던 거 맞지?
바다	어떻게 된 거예요?
토미	어디에 까라도 나봐야 정신을 차리시겠죠?! 응?
소영	한 번만 살려줘, 응?
토미	그럼 어떻게, 헐 나만 원?
소영	66에 안 되겠습니까?
토미	55! 더는 안 돼!

3화 S#12

토미   어휴, 난리다, 난리~. 이제 좀 쉬어요!

바다   쉬기는 뭘 쉬어요! 빨리 와요! 시간 없어요!

토미   네?! 어딜 갈라고?! 아 좀 쉬자~.

3화 S#16

바다	조심해요. 침대에 안 흘리게.
토미	응. 근데 나만 먹어? 같이 안 먹어?
바다	난 괜찮아요. 속 부대끼면 괜히 내일 힘들어서.
토미	어휴, 지독해. 셰프들은 배도 안 고프냐.

3화 S#17

바다   지금 뭐 해요?

토미   혼자서 반죽 밟으면 이 발 또 매일 피곤하잖아.

바다   ......,

토미   이런 건 내가 해줄 수 있는 거 같아서.

4화 S#3

토미	이리 줘.
바다	어디 갔었어요. 밤새 안 들어와서 걱정했잖아요!
토미	남애서···
바다	상관할 거 없다, 이건가요?
토미	······.

4화 S#5   바다   그동안 일한 거요. 약속한 금액보다 더 될 거예요.

           토미   ……,

           바다   고생 많았고요. 그만 가주세요.

토미   ··· 어제 그 새끼랑 똑같다, 너.

바다   뭐라고요?

토미   어제 그 새끼랑 똑같다고. 대단하게 챙겨주는 척 예의 다 차리면
서, 하는 짓은 일방적인 거.

5화 S#1

토미   기자님?! 정수현 기자님?

기자   또 뭐야 당신은.

토미   수줍은 우동! 개봉! 정정해주세요!

기자   돌겠네 진짜.

토미   (빙긋) 우동도 한번 드셔보시구….

5화 S#12　　　바다　　　내가··· 잘못했다고···.

그러니까 이제

쇼바꼭질 그만하고 내 앞에 좀 나타나라고!!!

5화 S#12

바다	미안해. 내가 정말 미안해.
토미	…….
바다	너무 늦어서 미안해.
토미	나 감기 걸린 거 같아서….
바다	이제 상관없어.

6화 S#2

토미	잘 잤어요? 더 자요.
바다	앳!!!
토미	왜 그래???
바다	팔이… 저려서….

6화 S#5

토미	이거 뭐야?
바다	씨간장 시즌 투.
토미	시즌 투?
바다	이제, 이게 진짜 우리 씨간장!
토미	응, 없어 쪄가.

6화 S#12   바다   여기서 뭐 해?!

토미   어어… 노래가 좋아서, 아, 우리 얼른 준비해야 되지?

173

7화 S#5

바다   여기서 우리 프렌치 레스토랑 제대로 시작해보자. 어때, 좋지?

토미   응··· 좋아···

바다   저쪽에 커튼 달고, 큰 침대도 넣고, 음···

토미   근데 난 지금 침대가 더 좋은데! 꼭 붙어 있기도 좋고!

구화 S#8   토미   나 진짜 열심히, 음악만 했어. 내 꿈이 이뤄질 거라고 확
신한 때도 있었고, 하지만··· 누구나 꿈을 다 이룰 수 있는
건 아니잖아. 꿈을 이루긴 어려워도 포기하는 건··· 쉽더라.

7화 S#9

토미	나··· 휴학이 하고 싶어졌어. 다시.
바다	어떤 일이 벌어져도··· 나는 너 응원해.
토미	알아.
바다	언제든··· 옆에 있어 줄게.

8화 S#4

민상	무슨 일이 있었던 거야? 왜 이렇게 말을 잘해?
바다	왔어! 어, 왔어! 이거 배달 좀 해! 바로 옆에 건물 2층!!!
민상	나도 먹으러 온 건데, 일단 갔다 올게!
바다	뭔데, 먹을 거!
민상	알아서 줘!

8화 S#6 　　　바다 　　　에휴… 너무 맵다…. 진짜 너무 매워….
보고 싶다고…. 나 너무 보고 싶다고….
진짜 너무 보고 싶다고….

8화 S#7   바다   마지막이니까, 공짜로 한 그릇 드시고 가세요.

소영   이 집 우동 없이 높은 겨울은 어떻게 지내나…,
너넌 겨울에 또 와요! 꼭 다시 와!
내가 여기 아무한테도 세 안 주고 비워놓게!

바다   어차피 이 자리 나 아니면 안 나가잖아요.
이제 나 그렇게 호락호락하지 않아.

179

8화 S#12   토미   그때의 날 좋아해준 바다는

바다   지금의 널 사랑하는 바다는

토미   너뿐이야.

바다   나뿐이야.